CHILL-OUT
CODEWORDS

This edition published in 2020 by Welbeck Non-Fiction
an imprint of the Welbeck Publishing Group
20 Mortimer Street
London W1T 3JW

All puzzles © 2010, 2020 The Puzzle People Ltd
Design and layout copyright © 2010, 2020 Carlton Books Ltd

A CIP catalogue for this book is available from the British Library.

ISBN 978-1-78739-384-4

Printed in Great Britain

The puzzles in this book were previously published in *Puzzler Codewords 1*,
Puzzler Codewords 2 and *House of Puzzles Codewords*

CHILL-OUT CODEWORDS

FOCUS YOUR MIND TO CRACK THE CODES OF NEARLY 200 PUZZLES

WELBECK

INTRODUCTION

Welcome to this compendium of codeword puzzles, a diverting collection sure to give you a break from your busy 21st century life. *Chill-out Codewords* will provide hours of challenging fun whether you're a die-hard decrypter or a newcomer to the wonderful world of codewords.

The puzzles themselves are a variant of crosswords where you use logic and observation to fill in the numbered grid. If you've never attempted a codeword puzzle before, you should read the "How to Solve" section on the following page before diving in.

HOW TO SOLVE CODEWORD PUZZLES

Codeword puzzles have no clues in the conventional sense. Instead, every different number printed in the main grid represents a different letter (with the same number always representing the same letter, of course). In the example to the right, 1=A, 20=R and 26=E and there are two words indicated by arrows, showing where a start may be made, by determining the letters represented by the numbers 14 and 15. The only possible combination is that 14=D and 15=N, so these letters are entered into the grid wherever the numbers 14 and 15 occur, as per the example to the left. By cross-referencing this way, the solution is reached.

1

9	5	13	25	12	21		26	23	26	13	18	26
5		25		25		2		18		17		15
22	17	4		15	18	16	26	3		14	26	15
26		17		4		15		15		3		26
15	18	12	15	17	14	17	5	26	7	25	15	19
19			26			6			25			2
	16	9	5	10	15	18	10	11	25	13	10	
6		2		18		13		9		17		2
18	8	18	14	24 **P**	7		26	12	12	18	24	7
15				26 **A**				16				15
2	18	6	18	15 **R**	2		26	2	16	25	15	18
18		17		7		5		17		22		22
	24	18	5	2	17	25	5	26	3	13	18	
2			25			8			17			12
24	15	18	10	25	14	17	5	26	5	7	13	19
18		14		9		25		14		22		4
18	3	3		2	1	9	17	3		17	5	5
10		18		7		2		13		5		18
2	26	10	17	2	14		15	18	20	18	12	7

A̶ B C D E F G H I J K L M N O P̶ Q R̶ S T U V W X Y Z

1	2	3	4	5	6	7	8	9	10	11	12	13
14	15 **R**	16	17	18	19	20	21	22	23	24 **P**	25	26 **A**

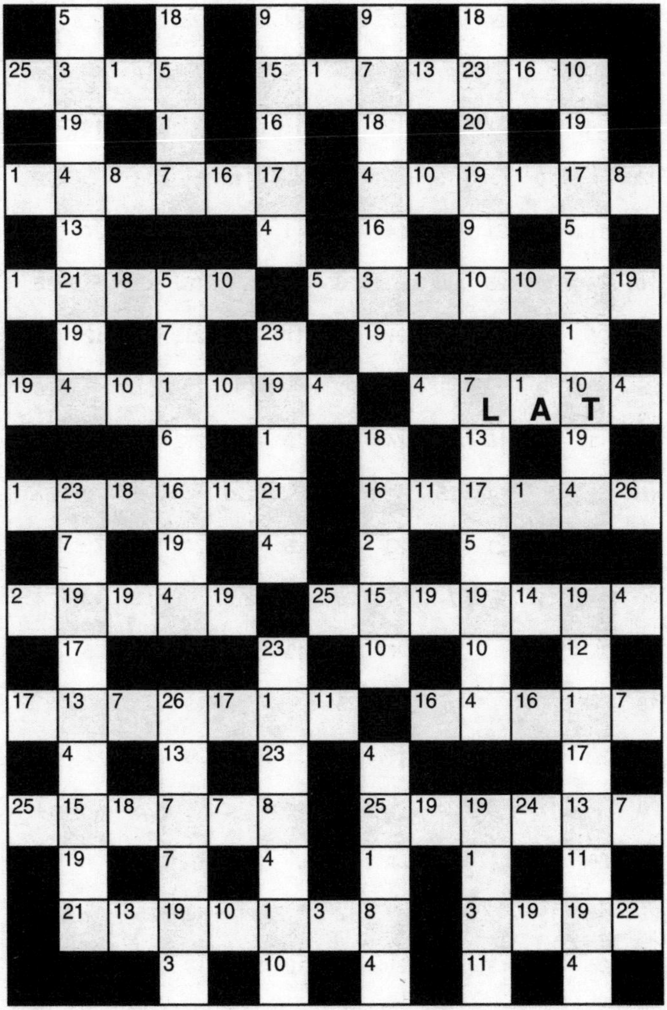

Codeword grid (numbers as shown):

	5		18		9		9		18		
25	3	1	5		15	1	7	13	23	16	10
	19		1		16		18		20		19
1	4	8	7	16	17		4	10	19	1	17 · 8
	13				4		16		9		5
1	21	18	5	10		5	3	1	10	10	7 · 19
	19		7		23		19				1
19	4	10	1	10	19	4		4	7 (L)	1 (A)	10 (T) · 4
			6		1		18		13		19
1	23	18	16	11	21		16	11	17	1	4 · 26
	7		19		4		2		5		
2	19	19	4	19		25	15	19	19	14	19 · 4
	17				23		10		10		12
17	13	7	26	17	1	11		16	4	16	1 · 7
	4		13		23		4				17
25	15	18	7	7	8		25	19	19	24	13 · 7
	19		7		4		1		1		11
	21	13	19	10	1	3	8		3	19	19 · 22
		3		10		4		11		4	

A̶ B C D E F G H I J K̶ L̶ M N O P Q R S T̶ U V W X Y Z

1 A	2	3	4	5	6	7 L	8	9	10 T	11	12	13
14	15	16	17	18	19	20	21	22	23	24	25	26

19	1	21	24	26	3	■	11	15	23	1	2	25
16	■	2	■	2	■	6	■	11	■	22	■	23
16	24	1	■	19	12	11	1	15	■	21	19	19
11	■	10	■	15	■	22	■	11	■	11	■	22
22	19	10	21	26	24	20	11	17	26	24	24	3
20	■	■	25	■	■	23	■	■	16	■	■	15
■	25	24	26	10	21	11	17	26	21	25	12	■
26	■	19	■	9	■	22	■	24	■	3	■	26
16	11	21	16	1	24	■	19	20	2	25	10	10
16	■	■	■	25	■	■	■	25	■	■	■	6
11	22	10	21	25	23	■	26	8	24	26 (A)	7	25
4	■	11	■	7	■	26	■	2	■	11 (I)	■	14
■	1	22	2	25	26	17	13	26	8	24 (L)	25	■
18	■	■	1	■	■	25	■	■	19	■	■	2
11	22	12	25	10	17	2	11	8	26	8	24	25
20	■	11	■	24	■	8	■	1	■	25	■	14
20	26	20	■	26	24	11	8	11	■	5	11	26
25	■	11	■	6	■	17	■	24	■	25	■	2
2	26	21	13	25	2	■	10	21	19	24	11	12

A̶ B C D E F G H̶ I J K L̶ M N O P Q R S T U V W X Y Z

1	2	3	4	5	6	7	8	9	10	11 I	12	13
14	15	16	17	18	19	20	21	22	23	24 L	25	26 A

19	2	14	6	24	1	■	26	16	24	13	6	1
18	■	16	■	18	■	21	■	4	■	12	■	18
4	24	2	6	26	■	2	■	6	10	23	18	12
12	■	3	■	19	18	1	19	20	■	3	■	23
6	21	14	6	1	■	13	■	1	2	14	7	19
19	■	■	12	■	25	16	4 B	■	14	■	■	6
■	5	6	4	24	18	■	2 I	3	12	18	20	■
18	■	■	16	■	8	23	14 G	■	16	■	■	9
26	12	16	22	3	■	3	■	1	16	4	6	24
26	■	23	■	6	17	2	1	19	■	24	■	2
18	3	14	6	24	■	19	■	24	16	16	8	1
2	■	7	■	15	■	20	■	18	■	16	■	16
24	18	19	7	6	24	■	1	9	16	11	6	3

A B̶ C D E F G̶ H I̶ J K L M N O P Q R S T U V W X Y Z

1	2 I	3	4 B	5	6	7	8	9	10	11	12	13
14 G	15	16	17	18	19	20	21	22	23	24	25	26

25	8	9	3		1		25		11	19	25	15
	18		13	17	9	19	5	4	6		15	
15	19	18	23		25		6		19	12	19	6
	5		13		5	7	13		14		1	
15	13	19	6	25	13		25	5	13	13	8	25
	19			8	6	4	25	13			4	
14	9	10		13		16		18		8	4	3
19		6	19	11	2	13	5	13	13	6		9
5	13	19		7		14		8 (P)		4	24	14
9		20	7	19	18		24	15 (H)	13	5		22
6	9	13		18		23		4 (O)		13	21	13
19		25	15	7	18	18	7	14	22	25		4
18	13	5		25		4		7		5	4	14
	19			5	6	13	13	25			9	
3	6	4	24	25	13		25	5	4	19	5	25
	14		15		25	7	5		24		25	
18	7	18	4		5		19		7	6	7	25
	14		25	24	13	13	5	13	14		26	
4	22	18	13		3		13		22	6	13	21

A B C D E F G H̸ I J K L M N Ø̸ P̸ Q R S T U V W X Y Z

1	2	3	4 O	5	6	7	8 P	9	10	11	12	13
14	15 H	16	17	18	19	20	21	22	23	24	25	26

9	14	4	24	26	10	4	13	■	22	1	22	2
14	■	8	■	13	■	■	26	■	21	■	■	18
6	■	10	■	22	10	4	9	14	22	10	10	22
13	26	17	6	3	■	■	14	■	13	■	■	22
7	■	14	■	26	■	5	22	2	10	■	■	16
2	22	16	6	10	22	■	10	■	2	10	22	20
■	■	22	■	■	3	26	10	23	■	23	■	6
2	10	17	26	19	22	■	4	■	12	17	6	1
6	■	■	20	■	13	26	2	■	■	26	■	■
25	6	17	8	22 (N)	10 (E)	(T)	23	14	11	11	14	11
■	■	22	■	■	4	26	8	■	26	■	■	14
4	8	8	2	■	26	■	22	15	11	22	16	2
8	■	6	■	4	8	7	2	■	■	8	■	■
10	6	3	13	■	22	■	2	26	14	2	22	16
17	■	■	3	22	22	7	■	18	■	23	■	17
22	■	■	22	■	17	■	■	22	1	17	4	22
18	10	6	17	15	4	25	6	8	■	4	■	6
4	■	■	25	■	8	■	■	22	■	8	■	15
16	22	12	1	■	25	17	6	16	4	22	8	10

A B C D E̸ F G H I J K L M N̸ O P Q R S T̸ U V W X Y Z

1	2	3	4	5	6	7	8 N	9	10 T	11	12	13
14	15	16	17	18	19	20	21	22 E	23	24	25	26

	22		13	20	15	15	20	21	22		15		
22	11	7	5					23		5	9	24	17
	14		19	24	22	22	10 (I)	11	13		1		
26	10	18	11		5		7 (T)		10		4		
	6		13		8		13 (S)	10	23	2	20	19	
	20		16	8	24	17		21		24		5	
13	11	21	10		23		17	5	8	8	11	23	
23		8		11			21		5		3		
5	22	10	19	10	7	10	11	13		16	5	13	
4		23		15		12		11		15			
4	20	7		3	1	13	4	11	4	13	10	5	
10		11		10		19		1		4			
11	16	8	11	7	13		24		8	10	15	11	
13		10		7		24	8	15	5		5		
7	11	21	4	24	13		11		21		25		
	12		5		19		8		10	8	24	23	
	10		7	8	20	13	13	11	3		19		
24	7	10	15		21			5	17	11	3		
	13		26	24	4	11	2	20	19		13		

A B C D E F G H ~~I~~ J K L M N O P Q R ~~S~~ ~~T~~ U V W X Y Z

1	2	3	4	5	6	7 T	8	9	10 I	11	12	13 S
14	15	16	17	18	19	20	21	22	23	24	25	26

19	3	25	19	7	■	8	1	10	14	7	8	23
2	■	7	■	8	■	18	■	4	■	18	■	4
15	13	4	2	1	4	7	■	26	4	17	19	2
18	■	20	■	2	■	■	■	15	■	18	■	19
7	8	10	22	■	13	19	6	19	16	10	19	2
11	■	18	■	16	■	6	■	26	■	7	■	■
■	4	16	16	18	2	19	26	10	■	19	21	21
4	■	■	■	26	■	16	■	■	■	20	■	1
14	13	8	12	19	■	10	13	19	4	20	8	26
7	■	14	■	17	■	■	■	4	■	7	■	5
4	14	14	13	4	11	20	■	13	22	11	17	19
17	■	22	■	■	■	18	■	26	■	■	■	13
19	13	4	■	10	19	26	2	19	26	16	11	■
■	■	26	■	8	■	15	■	2	■	4	■	15
19	26	2	8	13	20	19	20	■	8	9	4	7
24	■	19	■	25	■	■	■	16	■	4	■	18
1	26	2	1	19	■	21 **B**	1	13	21	7	19	2
18	■	7	■	2	■	1 **U**	■	8	■	13	■	19
25	7	11	23	8	8	2 **D**	■	25	4	11	19	13

A B̸ C Đ E F G H I J K L M N O P Q R S T Ʉ V W X Y Z

| 1 **U** | 2 **D** | 3 | 4 | 5 | 6 | 7 | 8 | 9 | 10 | 11 | 12 | 13 |
| 14 | 15 | 16 | 17 | 18 | 19 | 20 | 21 **B** | 22 | 23 | 24 | 25 | 26 |

9

6	24	15	24	13	13	24	18	9			7		24
	19		11		4		5		15	5	25	8
21	1	3	23	24	18	12	1	26		25		10
	12		9		24		3		14	18	1	14
17		14		11	25	25	8		12		12
4	3	21	1	12		16		1	3	13	24	12
1		21		25	20	24	18	12		1		13
16	4	18	1	25		14		12	14	7	12	24
22		25		13	1	3	22			12		11
7	1	3	22		23 **G**		3		25		7	
12		12		21	13 **L**	25	25	11	23	14	12	24
24	9	24	11		25 **O**		16		13		9	
26		11		2	25	25	22	24	24	26	24	18

A B C D E F G̸ H I J K L̸ M N Ø P Q R S T U V W X Y Z

1	2	3	4	5	6	7	8	9	10	11	12	13 **L**
14	15	16	17	18	19	20	21	22	23 **G**	24	25 **O**	26

14

7	11	12	9	6	6	3	26	■	24	9	12	14
10	■	3	■	16	■	■	10	■	4	■	■	10
3	■	5	■	20	3	16	7	9	12	10	22	6
7	5	9	16	8	■	■	16	■	16	■	■	9
24	■	10	■	10	■	7	18	16	22	■	■	12
16	3	12	16	24	3	■	18	■	24	16	23	10
■	3	■	■	17	1	1	18	■	20	■	22	
13	1	7	24	17	3	■	10	■	18	16	22	6
16	■	■	16	■	25	1	22	■	■	15	■	■
20	16	12	20	1	24	■	24	10	20	3	17	4
■	■	16	■	■	10	25	3	■	16	■	■	3
21	3	10	22	■	1	■	26	3	24	3	25	24
3	■	7	■	16	22	10	17	■	■	24	■	■
12	3	3	14	■	3	■	4	16	25	11	24	7 **S**
8	■	■	16	2	3	26	■	26	■	4	■	16 **A**
10	■	■	24	■	12	■	■	1	6	17	3	26 **D**
16	8	7	24	16	10	22	3	12	■	3	■	10
6	■	■	3	■	22	■	■	3	■	22	■	7
3	19	3	26	■	6	16	9	26	10	3	7	24

A̸ B C D̸ E F G H I J K L M N O P Q R̸ S̸ T U V W X Y Z

1	2	3	4	5	6	7 **S**	8	9	10	11	12	13
14	15	16 **A**	17	18	19	20	21	22	23	24	25	26 **D**

11

18	17	14	25	15	■	21	7	5	16	8	24	11
16	■	11	■	22	■	17	■	17	■	18	■	26
13	11	17	4	26	2	3	■	10	18	24	2	25
24	■	15	■	23			■	26	■	26	■	16
10	24	15	25	■	7	13	6	16	14	10	16	20
15	■	26	■	5	■	18	■	2	■	11	■	■
■	17	14	9	24	17	26	2	10	■	16	18	17
15	■		18	■	2	■		■	15	■		20
21	17	15	5	15	■	3	18	16	17	15	16	20
17	■	7	■	24		■		17	■	11	■	11
5	24	23	23	16	11	15	■	15	10 (T)	12 (Y)	11	16
16	■	2	■		■	16	■	26	■		■	15
20	24	7	■	5	16	20	17	11	11	16	20	■
■	■	11	■	17	■	17	■	12	■	19	■	14
15	22	16	18	1	26	2	3	■	21	16	18	7
24	■	2	■	11		■		25	■	23	■	11
18	17	10	26	7	■	14	21	26	18	5	16	20
8	■	11	■	1	■	24	■	2	■	10	■	11
15	25	12	22	17	18	20	■	3	17	15	15	12

A B C D E F G H I J K L M N O P Q R ~~S~~ ~~T~~ U V W X ~~Y~~ Z

1	2	3	4	5	6	7	8	9	10 T	11	12 Y	13
14	15 S	16	17	18	19	20	21	22	23	24	25	26

25	24	1	18	25	14	■	18	4	16	3	2	8
18	■	9	■	15	■	10	■	7	■	19	■	3
4	2	1	■	18	2	21	14	18	■	5	16	11
3	■	2	■	7	■	1	■	6	■	21	■	21
25	17	18	25	13	21	8	16	11	18 (A)	2	2	26
5	■	■	14	■	■	21	■	2 (L)	■	■	■	25
■	16	6	3	25	5	16	13	18	10 (B)	2	26	■
3	■	16	■	5	■	7	■	13	■	21	■	9
8	1	10	10	16	6	■	25	13	1	20	2	26
16	■	■	■	13	■	■	■	21	■	■	■	16
4	1	6	20	1	25	■	3	6	23	21	16	6
26	■	1	■	2	■	8	■	16	■	15	■	20
■	21	10	2	16	5	3	7	18	5	3	8	■
15	■	■	3	■	■	11	■	■	1	■	■	21
14	1	13	16	2	16	18	5	16	6	20	2	26
3	■	18	■	3	■	13	■	6	■	16	■	25
3	2	12	■	18	25	17	16	11	■	9	3	5
22	■	3	■	9	■	25	■	1	■	3	■	3
26	21	7	12	3	7	■	3	7	18	25	3	7

A̶ B̶ C D E F G H I J K̶ L̶ M N O P Q R S T U V W X Y Z

1	2 L	3	4	5	6	7	8	9	10 B	11	12	13
14	15	16	17	18 A	19	20	21	22	23	24	25	26

8	11	15	8	19	10		1	8	24	7	21	19
22		20		18		3		10		24		7
22	5	23		7	3	7	18	4		7	21	19
5		1		6		18		5		5		7
16	1	7	21	21	7	10	5	15	7	6	6	25
25			20			1			22			7
	19	1	20	23	6	8	21 **M**	7 **A**	10 **T**	5	15	
7		25		5		6		17		21		2
23	1	8	8	13	8		18	10	7	19	6	8
20				7				5				1
24	20	10	7	1	25		18	14	26	7	3	12
8		8		1		4		26		1		25
	21	7	6	8	24	20	6	8	17	15	8	
9			8			1			26			8
8	14	26	8	18	10	1	5	7	17	5	18	21
15		17		12		5		15		17		5
12	5	9		26	17	22	5	10		8	16	16
8		26		6		25		20		1		1
9	8	8	19	6	25		3	1	5	10	4	8

A̶ B C D E F G H I J K L M̶ N O P Q R S̶ T U V W X Y Z

1	2	3	4	5	6	7 **A**	8	9	10 **T**	11	12	13
14	15	16	17	18	19	20	21 **M**	22	23	24	25	26

	17		12		20		14		9			
9	7	18	9		2	7	18	11	11	3	7	
	6		23		6		20		17		3	
9	14	16	6	18	8		20	2	3	3	17	20
	22				10		3		7		7	
9	4	2	3	14		9	8	25	3	23	18	4
	2		21		1		2				20	
3	20	2	22	9	7	10		20	4	7 **R**	9 **A**	11 **M**
			9		18		20		6		23	
20	17	18	2	3	20		17	22	8	18	20	12
	9		3		2		9		4			
9	4	18	14	20		18	8	14	3	24	3	20
	15				9		15		14		2	
20	12	6	26	3	23	20		7	3	9	4	12
	6		3		25		4				12	
13	7	18	3	5	3		23	3	8	2	18	23
	20		7		19		9		9		8	
	3	10	3	19	7	6	1		19	9	25	20
			14		9		20		20		20	

A̷ B C D E F G H I J K L M̷ N O P Q R̷ S T U V W X Y Z

1	2	3	4	5	6	7 **R**	8	9 **A**	10	11 **M**	12	13
14	15	16	17	18	19	20	21	22	23	24	25	26

19	15	14	12	2	5	■	3	23	22	11	9	18
9	■	■	24	■	14	18	18	■	20	■	■	22
23	■	7	25	14	3	■	14	19	24	12	■	25
9	1	26	■	■	5	■	8	■	■	14	11	10
22	■	21	■	4	22	26	18	2	■	19	■	9
18	22	21	20	24	3	■	10	24	23	17	9	23
■	■	9	■	6	■	20	■	12	■	9	■	■
24	22	23	■	9	■	23	■	14	■	18	9	9
22	■	■	22	20	13	26	12	19	2	■	■	7
17	14	25	14	■	■	1	■	■	14	23	14	7
26	■	■	23	26	1	1	22	3	9	■	■	22
1	24	8	■	12	■	9	■	■	23	■	19	24	10
■	■	22	■	5 **Z**	■	23	■	22	■	15	■	■
4	26	18	4	14 **I**	18	■	7	21	9	9	19	15
22	■	7	■	21 **P**	26	12	19	15	■	16	■	22
2	9	22	■	■	7	■	26	■	■	26	23	12
15	■	1	9	18	2	■	18	24	20	9	■	20
24	■	■	3	■	23	14	21	■	26	■	■	18
1	22	12	3	18	9	■	2	24	3	3	18	9

A B C D E F G H̸ I J K L M N O̸ P Q R S T U V W X Y Z̸

1	2	3	4	5 **Z**	6	7	8	9	10	11	12	13
14 **I**	15	16	17	18	19	20	21 **P**	22	23	24	25	26

Codeword puzzle grid (given letters: 15 = L, 14 = A, 26 = B):

14		26		3		22	5	14		5		
22	21	6	13	15	10	7		17	24	13	15	15
19		15		14		25		23		15		14
14	26	26	13	11		3	18	9	2	1	14	4
4			14			20		25		13		17
10	7	9	18	17	22		25	4	22	20	25	15
13		12		13		24			14			14
	7	13	18	4	25	14		14	24	14	18	17
3		18		22		15		4		26		25
9	14	3		25	4	15 (L)	13	20		9	17	13
18		13		20		14 (A)		13		15		22
1	6	17	17	11		26 (B)	14	4	17	25	20	
15			6			11		4		22		9
13	12	14	17	13	17		2	14	20	7	13	18
22		4		16		5			7			5
22	25	4	10	13	18	13		1	11	18	18	7
15		6		18		14		14		14		14
11	13	14	22	20		10	25	20	25	8	13	4
		15		22	6	13		22		13		22

A~~A~~ B~~B~~ C D E F G H I J K ~~L~~ M N O P Q R S T U V W X Y Z

1	2	3	4	5	6	7	8	9	10	11	12	13

14	15	16	17	18	19	20	21	22	23	24	25	26
A	L											B

19	11	23	15		23	3	16	10		6	25	22
11		10		26		22		9		15		25
23 S	25 U	7 B	24	4	6	21		16	12	10	11	26
22		12		22		23		25		8		6
3	13	4	26	12	18		16	12	11	8	6	15
23				10		11				4		10
11	13	3	26	18		8	11	7	7	12	4	23
8		26				21		10				4
2	12	10	14	11	4	26		6	11	2	10	26
		12		8		25		3		10		
19	4	23	17	23		19	18	8	10	5	11	6
11				4		4				4		25
13	11	23	11	21	3	26		5	11	23	4	26
4		1				23		25				11
23	21	25	7	7	18		23	21	25	6	6	3
21		4		25		6		25		15		25
11	21	4	5	23		15	3	10	20	4	26	23
8		14		15		10		12		10		12
2	25	18		18	10	26	8		23	21	10	18

A B C D E F G H I J K L M N O P Q R S T U V W X Y Z

| 1 | 2 | 3 | 4 | 5 | 6 | 7 B | 8 | 9 | 10 | 11 | 12 | 13 |
| 14 | 15 | 16 | 17 | 18 | 19 | 20 | 21 | 22 | 23 S | 24 | 25 U | 26 |

Codeword grid:

	6	14	10	2 (O)	5	22	2	21	15	
	22		24		24 (F)		14		17		19
26	15	12	2	2	13 (T)		18	2	3	12	11	15
	26		2		15		15		5		23
8	2	14	13	11	21	4		13	22	26	2	16
14		21		26		26			14		26
5	9	4		15	7	9	14	23		12	2	2
15		15				21		11		12		21
1	2	23	23	17		13	14	13	13	11	21	4
	25		11		23		6		14		2	
20	14	9	21	13	17		13	11	23	11	21	4
	23		15		26		15		2		15	
	15	21	1	15	14	26	11	21	4	

A B C D E F̶ G H I J K L M N Ø̶ P Q R S T̶ U V W X Y Z

1	2 (O)	3	4	5	6	7	8	9	10	11	12	13 (T)
14	15	16	17	18	19	20	21	22	23	24 (F)	25	26

13	2	3	26	15	17		20	7	4	13	8	8
17		26		16		16		24		17		19
10	23	14		11	23	25	26	17		16	7	23
23		16		23		2		16		26		14
16	17	7	9	17	11	23	20	7	23	17	7	23
19			16			4			9			20
	13	17	25	16	3	16	22	9	3	23	11	
20		23		17		19		17		19		19
12	13	23	20	3	20		20	3	16	8	19	23
13				4				23				9
9	18	9	7	13	20		23	17	5	26	24	20
11		4		11		16		17		16		1
	16	25	2	23	4	25	23	9	18	19	23	
6			9			2			9			7
23	14	3	4	9	10	9	22	9	17 (A)	3 (N)	19 (T)	24
4		16		7		19		15		9		22
26	2	3		1	24	23	17	9		13	4	17
23		1		23		20		21		17		23
11	4	23	9	11	20		20	23	2	3	23	3

A̸ B C D E F G H I J K L M N̸ O P Q R S̸ T̸ U V W X Y Z

1	2	3 **T**	4	5	6	7	8	9 **A**	10	11	12	13
14	15	16	17 **N**	18	19	20	21	22	23	24	25	26

	8		4		15 A		15		17		21	
17	21	14	14	22	16 C	4	17		9	22	23	5
	25		14		25 T		17		8		3	
13	1	21	26	25	17		4	10	8	20	21	17
	15		8				23		25		17	
11	2	9	23		11	15	25	16	11	4	25	17
8			25		15		17		4			
4	23	20	4	9	22	16		15	20	4	12	25
	2		26		26		17				2	
14	1	15	2	4	20		12	15	23	4	1	17
	8				8		8		21		8	
17	23	8	19	17		26	8	15	26	22	23	6
			4		15		5		17			22
17	4	23	17	22	13	1	2		4	18	4	23
	18		25		17				9		24	
6	15	7	4	13	8		12	1	15	24	21	4
	20		26		26		15		22		15	
11	4	19	23		13	15	16	5	20	15	25	4
	17		17		17		5		17		4	

A B̸ C̸ D E F G H I J K L M N O P Q R S̸ T̸ U V W X Y Z

1	2	3	4	5	6	7	8	9	10	11	12	13
14	15 A	16 C	17	18	19	20	21	22	23	24	25 T	26

13	18	3	19	8	8	13	16	■	16	19 **I**	11	10
21	■	15	■	15	■	12	■	■	■	1 **G**	■	3
14	17	14	9	25	6	13	26	■	24	9 **L**	10	4
13	■	5	■	7	■	14	■	10	■	25	■	25
13	22	19	15	■	26	4	3	23	23	25	15	6
16	3	6	■	■	■	25	■	10	■	■	■	25
■	14	■	26	■	3	15	6	26	■	5	10	22
14	5	25	2	13	15	■	■	5	■	3	■	25
25	■	■	19	■	1	10	22	13	■	22	■	3
6	19	8	8	9	13	■	10	16	10	8	4	26
4	■	10	■	25	16	13	26	■	7	■	■	9
13	■	14	■	4	■	■	4	3	15	2	13	17
22	10	17	■	19	9	9	26	■	17	■	21	■
8	■	■	■	25	■	3	■	■	■	15	19	1
4	15	10	19	6	13	15	26	■	23	13	4	10
19	■	9	■	26	■	14	■	7	■	16	■	6
23	9	19	8	■	7	5	13	13	20	19	6	1
9	■	11	■	■	■	13	■	24	■	10	■	9
13	7	13	26	■	23	15	3	4	10	9	9	17

A B C D E F̸ H I̸ J K L̸ M N O P Q R S T U V W X Y Z

1 **G**	2	3	4	5	6	7	8	9 **L**	10	11	12	13
14	15	16	17	18	19 **I**	20	21	22	23	24	25	26

	2			23	12	7	20	14			26	
10	18	2	2	12		18		12	11	13	21	10
	14		6	12	4	16	21	4	2		10	
10	18	26	18			21			11	15	10	17
	4		23		18	4	23		18		11	
9	20	25	25	21	4		18	25	10	12	23	5
21		21			9	12	22			26		18
5	11	4	21	18	11		11	22	2	21	21	22
11		23			12		14			4		24
22	21	21		25	11	25	18	21		7	12	12
16		18			2		19			11		20
20	22	5	12	4	22		7	8	12	4	22	2
22		10			21 E	23 M	11 U			22		7
15	4	21	5	21	2		4	20	22	2	21	2
	11		11		2	8	21		21		3	
8	21	10	23			12			20	12	7	18
	14		25	20	1	11	20	22	15		4	
1	11	21	2	7		22		18	8	21	18	9
	10			2	21	9	18	22			2	

A B C D ~~E~~ F G H I J K L ~~M~~ N O P Q R S T ~~U~~ V W X Y Z

1	2	3	4	5	6	7	8	9	10	11 U	12	13
14	15	16	17	18	19	20	21 E	22	23 M	24	25	26

	18		13		9 **I**		3		26		7	
7	9	21	10	3	23 **N**	26	17		8	3	6	10
	10		3		16 **C**		17		6		4	
17	22	26	23	16	12		3	7	10	3	4	26
	26		23				6		17		26	
9	24	10	26		16	19	10	10	9	26	5	2
10			10		19		22		19			
11	26	26	10	9	23	15		11	23	9	13	26
	7		26		1		17				26	
1	19	19	24	19	19		26	3	5	14	9	15
	23				2		20		26		15	
22	2	21	26	24		17	6	5	13	9	23	15
			25		3		9		10			26
12	26	23	16	12	8	3	23		26	25	3	8
	10		9		7				16		22	
21	19	5	22	3	10		21	26	22	9	22	26
	21		9		26		3		19		9	
10	26	3	23		5	26	24	7	5	9	16	11
	17		15		17		17		17		17	

A B C̶ D E F G H̶ J K L M N̶ O P Q R S T U V W X Y Z

1	2	3	4	5	6	7	8	9 **I**	10	11	12	13
14	15	16 **C**	17	18	19	20	21	22	23 **N**	24	25	26

3	11	11	6	21	26	4	11	■	13	6	26	24
11	■	3	■	3	■	■	6	■	18	■	■	12
22	■	14	■	15	6	11	2	26	25	4	3	15
18	1	11	6	4	■	■	6	■	5	■	■	3
6	■	25	■	25	■	5	14	4	4	■	■	14
14	18	12	7	3	26	■	21	■	25	3	19	4
■	■	10	■	■	25	4	1	8	■	23	■	1
25	3	10	10	6	3	■	6	■	19	3	14	8
8	■	■	3	■	14	12	14	■	■	6	■	■
4	17	18	11	12	2	■	3	15	12	1	4	26
■	■	10	■	■	10	6	26	■	2	■	■	3
15	18	26 **T**	24	■	18	■	6	21	4	16	18	17
6	■	4 **E**	■	16	25	6	18	■	■	3	■	■
2	3	14 **N**	11	■	15	■	14	4	12	26	4	25
9	■	■	4	17	3	15	■	3	■	24	■	4
12	■	■	7	■	26	■	■	2	26	25	18	20
18	23	4	25	2	6	7	24	26	■	18	■	4
26	■	■	4	■	18	■	■	4	■	16	■	14
4	1	2	4	■	14	12	26	25	6	4	14	26

A B C D ~~E~~ F G H I J K L M ~~N~~ O P Q R S ~~T~~ U V W X Y Z

1	2	3	4 **E**	5	6	7	8	9	10	11	12	13
14 **N**	15	16	17	18	19	20	21	22	23	24	25	26 **T**

25		10		9		4		2		14		9
10	8	6	18	19	11	12	26	10		19	11	10
10		15		18		7		13		13		24
9	22	22	2	18	10	21		2	24	5	11	2
18				3		18				11		15
10	18	25		22	26	10	24	1	13	12	3	
		22		23				13		3		
	19	18	2	10	24	12	22	24		10	9	9
9		17				20		13				24
13	18	18 (L)	22	16		1	13	7	6	13	17	10
18		22 (O)		13		22		22		21		13
20	13	24 (R)		25	12	11	15	12	7	10	11	11
5		10		2		10		3		3		2

A B C D E F G H I J K̶ L M N Ø P Q R̶ S T U V W X Y Z

1	2	3	4	5	6	7	8	9	10	11	12	13
14	15	16	17	18	19	20	21	22	23	24	25	26
				L				O		R		

24	23	25	10	■	23	■	22	■	10	25	25	16
■	17	■	7	11	15	12	25	23	19	■	21	■
26	25	11	15	■	24	■	3	■	24	22	13	19
■	18	■	15	■	11	24	3	■	5	■	24	■
3	11	24	5	19	10	■	24	13	16	8	19	10
■	15	■	■	6	25	24	11	5	■	■	15	■
8	5	5	■	7	■	3	■	10	■	24	11	23
5	■	25	6	25	9	24	10	17	25	10	■	15
19	24	3	■	23	■	11	■	24	■	10	15	5
25	■	9	25	24	4	■	15	20	11	24	■	18
5	25	25	■	10	■	8	■	25	■	8	23	25
16	■	23	24	19	25	11	14	24	13	9	■	11
10	25	19	■	8	■	20	■	22	■	10	15	19
■	2	■	5	24	10 (S)	24 (A)	9 (L)	■	■	7	■	
22	25	5	8	3	5	■	1	25	16	9	25	6
■	23	■	1	■	5	8	22	■	15	■	5	■
7	13	7	24	■	13	■	13	■	14	24	8	9
■	19	■	3	11	24	10	10	25	16	■	5	■
23	25	16	25	■	9	■	17	■	6	15	3	24

~~A~~ B C D E F G H I J K ~~L~~ M N O P Q R ~~S~~ T U V W X Y Z

1	2	3	4	5	6	7	8	9 L	10 S	11	12	13
14	15	16	17	18	19	20	21	22	23	24 A	25	26

12	9	13	16	1	12	■	12	23	12	13	3	9
10	■	6	■	■	19	■	21	■	■	6	■	6
3	■	15	■	■	19	■	2	■	■	10	■	20
5	20	5	19	25	6	■	3	9	9	12	11	9
21	■	■	20	■	9 **S**	25 **I**	18 **R**	■	16	■	■	3
12	23	24	3	9	13	■	23	3	11	6	5	21
■	25	■	■	4	■	■	■	18	■	■	6	■
■	9	■	19	12	24	25	23	18	3	■	9	■
13	16	3	3	■	6	■	6	■	8	6	13	9
■	6	■	21	3	7	3	5	19	3	■	12	■
12	4	9	3	■	13	■	10	■	19	12	24	7
■	18	■	21	25	9	13	6	18	13	■	10	■
■	25	■	■	1	■	■	■	11	■	■	25	■
9	19	12	24	4	9	■	4	3	21	24	12	18
12	■	■	25	■	4	12	18	■	3	■	■	12
2	6	6	21	6	6	■	25	5	15	12	18	21
12	■	5	■	■	14	■	26	■	■	5	■	25
5	■	11	■	■	3	■	3	■	■	13	■	20
13	12	17	1	12	5	■	9	22	20	25	18	1

A B C D E F G H ~~I~~ J K L M N O P Q ~~R~~ ~~S~~ T U V W X Y Z

1	2	3	4	5	6	7	8	9 **S**	10	11	12	13
14	15	16	17	18 **R**	19	20	21	22	23	24	25 **I**	26

6	16	19	11	22		18	13	7	13	14	10	20
12		4		18	6 H	3 E			23		11	
10		11		4	U	13	16	8	18	4	21	9
13		20	25	6	11	10			4		13	
22	6	22	6			20	18	4	14	11	16	24
3			11			3		16		8		4
	17		19	1	6	22	3	20		3		14
24	4	1	19		20			22	4	10	10	9
	21			18	3	16	16	13			3	
21	11	4	1	13				24	1	4	21	3
	13			16	6	14	20	3			11	
8	1	13	16	26			3		13	14	8	18
1		1		3	15	23	13	1	15		3	
6		22		14		3			3			20
23	14	4	2	20	3	10			16	3	5	22
	3		18			14	4	2	10	9		4
15	3	15	3	16	22	4		11		14		26
	10		1			4	13	14		11		3
20	9	15	12	22	4	15		9	11	3	1	10

A B C D E̸ F G H̸ I J K L M N O P Q R S T U̸ V W X Y Z

1	2	3 E	4	5	6 U	7	8	9	10	11	12	13
14	15	16	17	18 H	19	20	21	22	23	24	25	26

25	1	25	23	8	17	24	12		23	25	15	18
9		20		17		17				15		19
18	19	5	17	26	25	8	12		15	14	25	11
21		25		25		8		12		25		17
13	1	6	25		2	21	12	13	17	8	21	5
1	25	13				25		15				18
	4		15		5	8	15	3		11	15	3
5	4	18	13	5	2			21		15		25
17			17		21	5	17	19		13		19
19	17	8	3	15	4		26	15	5	15	19	13
26		17		14	4	18	25		17			25
18		18		21			8	25	24	15	8	11
4	15	20		4	21	16	13		4		15	
12				21		25				10	21	14
21	8	8	21	13	15	13	25		16	18	4	4
26		15		1		5		12		19		21
25	8	8	12		12	2 H	8 R	21 I	25	22	25	11
4		25			25		7		25		25
1	15	8	11		15	12	23	25	12	13	17	12

A B C D E F G H̷ I̷ J K L M N O P Q R̷ S T U V W X Y Z

| 1 | 2 H | 3 | 4 | 5 | 6 | 7 | 8 R | 9 | 10 | 11 | 12 | 13 |
| 14 | 15 | 16 | 17 | 18 | 19 | 20 | 21 I | 22 | 23 | 24 | 25 | 26 |

11	21	7	15	3	8	█	19	17	12	12	21	13
3	█	15	█	█	1	█	15	█	█	21	█	17
26	█	18	█	█	10	█	8	█	█	5	█	6
17	18	6	21	2	17	█	26	21	19	15	18	6
12	█	█	10	█	11	21	17	█	17	█	█	12
4	15	11	2	3	8	█	24	21	2	23	12	25
█	19	█	█	17	█	█	█	2	█	█	10	█
█	24	█	5	2	3	20	15	5	3	█	19	█
23	21	4	10	█	2	█	19	█	18	15	11	8
█	12	█	11 (B)	17 (A)	2 (R)	19	17	15	7	█	3	█
16	15	13	15	█	21	█	6	█	3	10	2	21
█	23	█	5	17	2	12	21	17	7	█	15	█
█	15	█	█	24	█	█	█	8	█	█	18	█
8	5	17	18	23	25	█	13	26	15	18	6	3
23	█	█	15	█	3	16	3	█	5	█	█	18
17	14	17	12	3	17	█	3	9	3	5	23	8
2	█	22	█	█	2	█	16	█	█	21	█	10
20	█	12	█	█	12	█	12	█	█	20	█	3
3	20	3	18	12	25	█	25	21	16	3	12	8

A̶ B̶ C D E F G H I J K L M N O P Q̶ R̶ S T U V W X Y Z

1	2 R	3	4	5	6	7	8	9	10	11 B	12	13
14	15	16	17 A	18	19	20	21	22	23	24	25	26

20	5	12	17	20	7		18	9	12	12	5	20
5			5		26	19	3		9			9
16		18	13	24	13		21	3	10	26		24
3	11	13			11		26			14	21	1
24		21		5	20	9	12	7		18		9
7	13	21	2	24	17		3	26	15	19	3	7
		3		18		3		24		26		
7	5	2		9		10		13		7	19	3
26			9	21	26	19	3	11	7			25
9	22	5	16			9			26	5	6	13
11			12	13	12	12	9	4	17			14
20	13	18		21		3		24		15	13	20
		24		6		2		5		5		
14	26	9	12	14	15		5	5	8	14	21	18
21		21		26	19	14	15	1		12		9
23	14	18			9		15		3	12 E	11 M
13		3	9	24	21		13	7	3	2		11
24			14		15	9	20		18			5
17	3	9	24	12	17		17	3	5	11	3	21

A B C D E F G H I J K L M N O P Q R S T U V W X Y Z

1	2	3 E	4	5	6	7	8	9	10	11 M	12 L	13
14	15	16	17	18	19	20	21	22	23	24	25	26

		5	20	3	6	16	14 **T**	14	22	17	
	7		6		13		16 **I**		5		15
8	22	5	23	22	17		20 **C**	5	23	14	22	23
	13		14		4				14		22	
12	16	25	4		22	11	21	16	12	16	14	23
	14		19		23		5		4			
23	21	4	5	8		5	12	17	6	20	14	23
			25		23		16		13		25	
26	8	5	24	23	6	16	14		17	25	5	18
	5				20		6				16	
6	23	22	17		21	22	5	25	14	22	13	23
	23		22		8		8		25			
19	4	4	13	8	16	14		1	5	6	8	14
			4		10		17		1		4	
23	22	20	6	25	22	8	24		22	2	2	23
	5		13				13		8		9	
5	20	5	20	16	5		5	15	8	4	5	14
	21		22		26		19		22		19	
	5	23	14	22	25	4	16	17	23			

A B ~~C~~ D E F G H ~~I~~ J K L M N O P Q R S ~~T~~ U V W X Y Z

1	2	3	4	5	6	7	8	9	10	11	12	13
14 **T**	15	16 **I**	17	18	19	20 **C**	21	22	23	24	25	26

14	4	25	1	10	11	20	5		7	11	10	25
11		11		8			11		18			8
18		18		6	1	20	5	5	11	23	2	18
13	18	11 (A)	14 (C)	13 (T)			4		26			25
2		8		18		6	13	17	2			8
10	4	9	16	2	9		2		6	2	11	18
		2			20	13	14	12		19		2
22	8	18	20	2	6		12		19	8	11	9
11			5		14	4	5			11		
3	2	11	5	2	18		4	15	11	10	20	6
		10			20	10	10		20			8
7	8	4	17		25		4	14	13	11	24	2
11		4		6	20	5	16			9		
10	8	21	21		5		17	11	14	12	13	6
11			18	2	11	1		16		2		11
5			2		13			10	20	6	1	6
14	11	13	11	10	4	16	8	2		20		12
2			23		18			11		4		11
9	2	3	17		17	2	4	25	11	5	18	17

A̶ B C̶ D E F G H I J K L M N O P Q R S̶ T̶ U V W X Y Z

1	2	3	4	5	6	7	8	9	10	11 A	12	13 T
14 C	15	16	17	18	19	20	21	22	23	24	25	26

8	13	5	23	3		1	13	14	20	2	3	
7		3		7		7		7		22		16
19	4	4		2	10	16	4	13	19	4	1	2
4		25		8		5		19		1		4
23 **C**	20 **I**	5 **T**	1	20	23		22	13	20	17	4	12
13				5		19				4		
5	7	1	6	13	12	7		25	16	2	4	12
		13		19		21		19				16
5	13	26	4		23	20	5	20	9	4	6	2
16		8		11		2		8		6		5
2	16	2	8	4	23	5	2		2	5	13	15
14				5		20		16		4		
2	5	4	22	2		23	4	6	5	1	4	2
		24				2		18				13
23	13	8	5	7	1		7	20	19	23	13	6
7		4		18		2		13		13		12
8	4	1	26	4	13	5	4	2		23	16	18
15		5		2		4		4		5		13
	13	2	19	4	4	8		12	7	20	6	21

A B C̸ D E F G H J̸ J K L M N O P Q R S T̸ U V W X Y Z

1	2	3	4	5 **T**	6	7	8	9	10	11	12	13
14	15	16	17	18	19	20 **I**	21	22	23 **C**	24	25	26

7	14	1	4	11		15	9	23	21	13	16	
1		7		3		11		11		18		1
21	1	7		3 (F)	11 (O)	14 (R)	18	15	1	14	20	16
13		11		16		25		20		1		25
21	18	21	12	13	22		12	22	12	8	18	16
26				11		18				23		
7	1	8	8	11	21	16		15	1	16	21	18
		9		21		21		11				1
10	18	24	16		25	9	8	8	19	11	22	16
18		9		3		24		3		26		18
18	2	21	18	14	20	1	8		16	21	26	23
16				18		21		23		18		
18	20	16	26	18		18	6	9	10	14	1	24
		17				16		16				18
12	11	26	10	1	14		16	6	9	14	1	8
11		18		8		26		11		1		8
21	14	18	1	21	9	16	18	16		7	11	11
16		5		11		18		18		7		15
	8	18	1	16	18	16		23	14	9	6	16

A B C D E̸ G H I J K L M N Ø P Q̸ S T U V W X Y Z

1	2	3 F	4	5	6	7	8	9	10	11 O	12	13
14 R	15	16	17	18	19	20	21	22	23	24	25	26

Codeword puzzle grid (13 columns × 18 rows). Black squares shown as ■.

7	26	25	14 **H**	18	3	■	22	2	15	15	8	13
5	■	19 **U**	■	26	1	15	■	2	■	■	■	15
25	■	5	7 **M**	15	21	■	21	15	18	2	■	18
18	25	25	■	■	26	■	16	■	■	15	2	2
26	■	3	■	6	21	15	24	16	■	10	■	24
1	18	2	26	21	22	■	15	19	24	5	22	13
■	■	15	■	18	■	5	■	21	■	24	■	■
25	14	13	■	10	■	20	■	26	■	16	18	20
9	■	■	14	15	7	24	5	1	6	■	■	18
19	21	8	5	■	■	26	■	■	26	1	5	21
26	■	■	3	19	21	22	15	21	16	■	■	12
20	5	5	■	3	■	15	■	5	■	17	5	5
■	■	23	■	3	■	25	■	20	■	14	■	■
14	19	23	23	15	8	■	5	24	8	15	25	16
18	■	26	■	8	19	21	1	15	■	15	■	18
25	5	21	■	■	20	■	1	■	■	11	26	3
24	■	22	18	2	20	■	19	22	24	13	■	3
15	■	■	2	■	26	7	3	■	5	■	■	15
16	18	4	7	18	21	■	13	18	17	21	15	8

A B C D E F G̸ H I J K L M̸ N O P Q R S T U̸ V W X Y Z

1	2	3	4	5	6	7 **M**	8	9	10	11	12	13
14 **H**	15	16	17	18	19 **U**	20	21	22	23	24	25	26

	18	26	3	22		18	6	1	14	13		24
4		7		3	23	7		14		26		14
3	15	3	20	8		1	14	11	16	20	14	11
1		5		18		1		12		24		3
1	11	14	18	4	14	8		25	17	18	20	8
14		11				14		11			8	
10	7	13	20	17	23		16	14	18	18	8	14
	15			14		2				22		6
2	3	13	18	14		3	21	19	25	20	11	14
7		26		10		8		25		17		8 **L**
22	3	11	2	8	14	13		3	17	16	8	14 **E**
14		25		14		3	11	16		8		18 **T**
8		2	14	13	7	9		14	15	14	17	

A B C D ~~E~~ F G H I J K ~~L~~ M N O P Q R S ~~T~~ U V W X Y Z

1	2	3	4	5	6	7	8 **L**	9	10	11	12	13
14 **E**	15	16	17	18 **T**	19	20	21	22	23	24	25	26

17	■	18	■	19	■	16	20	7	■	3	■	■
5	16	25	3	25	12	3	■	12	13	16	5	3
14	■	22	■	10	■	3	■	14	■	11	■	23
18	5	16	23	3	■	13	12	2	8	16	22	13
20	■	■	16	■	■	24	■	7	■	5	■	16
2	8	25	12	1	3	■	16	3	3	25	3	24
13	■	2	■	5	■	3	■	■	7	■	■	3
■	18	13	2	16	12	24	■	17	25	24	2	9
11	■	10	■	3	■	16	■	8	■	25	■	25
13	23	13	■	17 P	16 A	12 N	18	16	■	4	16	5
22	■	5	■	13	■	15	■	24	■	17	■	24
13	18	1	13	18	■	16	17	13	4	16	12	■
5	■	■	4	■	■	3	■	16	■	12	■	5
25	12	18	20	2	13	■	12	20	10	25	8	13
3	■	14	■	5	■	3	■	■	14	■	■	8
9	16	5	22	13	3	24	■	4	14	2	9	16
8	■	4	■	13	■	16	■	20	■	5	■	17
26	25	13	8	18	■	4	14	3	6	20	13	3
■	■	5	■	3	14	17	■	9	■	21	■	13

A̶ B C D E F G H I J K L M N̶ O̶ P̶ Q R S T U V W X Y Z

1	2	3	4	5	6	7	8	9	10	11	12 N	13
14	15	16 A	17 P	18	19	20	21	22	23	24	25	26

	1		8	14	21	13	26	6	3		11
3	21	23	16				9		5	19	24	2
	15		14	5	12	12	6	20	10		21	
11	16	1	2		6		6		6		13	
	20		21		14		14	21	9	26	6	3
	20		8	14	6	22		3		6		21
2	6	18	21		19		13	14	16	2	19	2
5		6		25			6		12		5	
1	14	5	2	2	5	18	6	3		20 (R)	24 (U)	1 (B)
20		23		12		16			6		6	
21	13	6		25	5	20	2	6	19	14	16	10
17		20		16			12		24		6	
24	9	16	1	14	6		6		1	21	20	3
6		20		23		5	20	16	14		6	
12	6	18	19	6	20		9		21		14	
	12		16		6		6		2	22	16	4
	25		20	6	1	21	20	12	25		7	
3	21	2	13		6				6	22	6	20
	13		25	5	14	2	12	6	20		2	

A B̸ C D E F G H I J K L M N O P Q R̸ S T Ʊ̸ V W X Y Z

1	2	3	4	5	6	7	8	9	10	11	12	13
B												

14	15	16	17	18	19	20	21	22	23	24	25	26
						R				U		

Codeword puzzle grid:

12	17	22	12	13	■	5	26	22	8	14	3	9
9	■	1	■	3	■	13	■	26	■	9	■	3
22	13	14	20	6	12	18	■	2	12	12	10	7
3	■	22	■	23	■	■	■	26	■	17	■	12
10	26	15	12	■	10	12	19	13	26	22	12	23
12	■	12	■	3	■	10	■	10	■	6	■	■
■	7	9	3	4	4	12	10	18	■	7	3	19
22	■	■	■	16	■	22	■	■	■	26	■	3
13	26	19	7	12	■	8	12	9	26	4 **B**	13	12
3	■	10	■	22	■	■	■	26	■	13 **L**	■	8
7	11	12	26	8	12	23	■	24	26	18 **Y**	3	10
12	■	7	■	■	■	12	■	14	■	■	■	18
23	3	12	■	26	4	7	14	9	8	1	12	■
■	■	9	■	24	■	15	■	21	■	26	■	12
4	3	8	26	9	14	7	8	■	26	9	3	9
12	■	26	■	12	■	■	■	1	■	23	■	25
13	3	4	12	7	■	4	10	14	12	5	13	18
3	■	13	■	14	■	6	■	21	■	6	■	24
11	26	18	13	26	18	7	■	1	26	13	2	12

A B̶ C D E F G H I J K L̶ M N O P Q R S T U V W X Y̶ Z

1	2	3	4 **B**	5	6	7	8	9	10	11	12	13 **L**
14	15	16	17	18 **Y**	19	20	21	22	23	24	25	26

12	2	24	25	24		24	15	20	2	18	18	24
1		1		19		1		23		19		17
25	1	18	18	8	19	26		10	18	19	25	10
10		9		10				2				18
13	10	12	2	13	7	24		3	2	21	1	3
24		19				1		10		2		10
	2	13	13	10	24	3	1 (T)	23 (N)	11	18	14	
16		22		4		10				10		8
10	23	24	20	10		24	25	2	23	23	10	13
2				21				22		7		1
18	1	22	1	3		21	5	2	13	2	7	10
19		2		10			19		16		13		6
3	1	13	2	7	10	24		10	2	24	10	24

A B C D E F G H̸ I J K L M N̸ O P Q R S T̸ U V W X Y Z

| 1 I | 2 | 3 T | 4 | 5 | 6 | 7 | 8 | 9 | 10 | 11 | 12 | 13 |
| 14 | 15 | 16 | 17 | 18 | 19 | 20 | 21 | 22 | 23 N | 24 | 25 | 26 |

22	13	12	25		19		12		25	24	7	25
	8		7	23	26	11	26	20	11		13	
25	11	18	23		23		23		18	8	8	25
	26		26		18	21	26		4		13	
17	8	25	26	26	8		11	23	26	8	21	14
	8			8	24	18	25	26			26	
24 O	13	23		10		11		16		25	13	7
19 M		26	4	24	7	26	19	26	8	11		18
8 N	24	2		23		19		13		13	18	4
18		23	18	21	3		25	4	17	23		1
12	24	13		26		3		18		11	24	23
17		10	23	13	11	26	23	8	13	4		18
25	13	11		12		23		1		26	4	19
	5			4	13	12	26	4			13	
14	13	8	2	26	2		21	9	8	18	21	25
	4		23		24	15	4		13		6	
12	26	13	17		23		13		8	24	17	8
	13		19	13	8	25	18	24	8		26	
13	25	3	25		25		23		9	13	23	8

A B C D E F G H I J K L M̶ N̶ O̶ P Q R S T U V W X Y Z

1	2	3	4	5	6	7	8 N	9	10	11	12	13
14	15	16	17	18	19 M	20	21	22	23	24 O	25	26

1	14	22	7	23	■	8	4	15	24	5	22	17
19	■	5	■	21	■	22	■	23	■	24	■	24
23	■	17	9	21	23	15	■	5	24	2	23	15
17	■	9	■	23	■	9	■	15	■	17	■	2
2	22	14	4	26	23	15	■	23	2	20	3	19
14	■	■	26	■	■	23	23	19	■	23	■	22
4	26	18	24	22	5	■	■	23	5	15	9	23
■	23	■	21	■	24	4	12	15	■	■	■	15
4	17	17	23	1	2	15	■	15 **S**	8	23	19	2
■	24	■	■	19	■	22	■	19 **L**	■	■	23	■
23	14	22	17	4	■	26	4	3 **Y**	2	22	8	23
15	■	■	■	22	21	23	16	■	20	■	24	■
1	23	17	4	5	■	■	23	25	9	22	5	23
22	■	19	■	2	20	23	■	■	6	■	■	5
24	11	4	1	22	■	6	4	15	15	22	5	6
5	■	15	■	13	■	24	■	22	■	5	■	22
4	22	15	19	23	■	22	24	5	22	17	■	5
6	■	22	■	19	■	15	■	23	■	9	■	23
23	5	17	14	3	1	2	■	10	22	15	1	15

A B C D E F G H I J K L̶ M N O P Q R S̶ T U V W X Y̶ Z

1	2	3 **Y**	4	5	6	7	8	9	10	11	12	13
14	15 **S**	16	17	18	19 **L**	20	21	22	23	24	25	26

23	17	17	11	17	6	■	14	13	2	24	24	22
■	7	■	17	■	15	■	20	■	13	■	6	■
■	15	18	12	■	13	7	17	■	10	24	10	
■	■	14	13	10	■	18	19	15				
25	13	20	9	■	5	■	15	11	13	12		
15	■	2	19	20	17	21	12	26	■	13		
13	11	8	■	17	■	1	■	17	■	19 (H)	20 (I)	8 (T)
25	17	20	7	10	■	6	■	25	20	13	6	26
4	■	8		■	18	13	10	■	9	■	6	
24	9	24	6	17	6	■	13	9	8	19	22	13
25	■	12	■	26	13	11	■	20	■	10		
7	6	13	9	9	■	12	■	22	13	9	15	10
17	13	6	■	19	■	12	■	15	■	19	13	26
■	21	■	1	6	17	13	25	8	19	■	9	
■	8	19	17	17	■	26	■	8	24	21	8	
■	■	13	25	25	■	7	17	22				
21	20	8	■	13	16	17	■	11	24	1		
12	■	17	■	25	■	6	■	17	■	15		
3	24	13	6	8	15	■	22	20	25	18	13	26

A B C D E F G̸ H̸ J K L M N O P Q R S̸ T̸ U V W X Y Z

1	2	3	4	5	6	7	8	9	10	11	12	13
							T					

14	15	16	17	18	19	20	21	22	23	24	25	26
					H	I						

	22		13		17		18		22		23	
21	1	18	26	21	25	18	17		15 **T**	8	8	11
	7		20		8		12		3 **Y**		11	
5	13	9	22	24	19		6	26	14 **P**	22	13	19
	26		15					13		13		26
15	8	20	6		7	13	24	19	21	22	16	18
22			22		24		18		22			
14	22	24	15	13	22	1		20	1	22	17	11
	21		18		17		20				15	
17	25	22	19	18	17		1	8	22	2	18	17
	18				3		13		16		22	
22	17	11	18	19		17	4	6	16	16	1	18
			10		17		17		24			1
14	6	14	14	18	15	24	3		18	10	22	4
	26		1		22				17		26	
14	1	13	22	26	15		20	8	17	17	13	1
	8		13		13		22		8		4	
17	21	22	26		8	6	15	7	24	18	22	11
	11		17		26		18		17		1	

A B C D E F G H I J K L M N O ~~P~~ Q R S ~~T~~ U V W X ~~Y~~ Z

1	2	3 **Y**	4	5	6	7	8	9	10	11	12	13
14 **P**	15 **T**	16	17	18	19	20	21	22	23	24	25	26

13 B	8 A	22 R	7	20	16	■	8	23	22	8	1	19
1	■	15	■	25	■	24	■	8	■	21	■	16
24	15	14	■	13	21	16	8	11	■	1	26	16
16	■	8	■	16	■	22	■	16	■	13	■	12
26	15	10	2	22	15	3	16	22	24	1	8	21
2	■	■	16	■	■	1	■	■	20	■	■	17
■	18	5	8	24	2	21	1	10	16	24	24	■
24	■	15	■	20	■	16	■	15	■	8	■	13
26	22	16	16	12	17	■	8	3	15	14	8	21
8	■	■	■	22	■	■	■	16	■	■	■	1
22	16	23	21	16	9	■	23	21	1	18	5	2
12	■	16	■	25	■	4	■	21	■	16	■	4
■	22	16	26	15	3	16	22	8	13	21	16	■
8	■	■	15	■	■	24	■	■	1	■	■	15
22	16	3	15	21	20	2	1	15	10	8	22	17
19	■	15	■	8	■	23	■	20	■	14	■	24
16	8	2	■	22	15	20	24	2	■	8	23	2
10	■	16	■	3	■	21	■	19	■	1	■	16
2	5	22	16	8	19	■	6	15	2	2	16	22

A̶ B̶ C D E F G H I J K L M N O P Q̶ R̶ S T U V W X Y Z

1	2	3	4	5	6	7	8 A	9	10	11	12	13 B
14	15	16	17	18	19	20	21	22 R	23	24	25	26

Grid:

22	6	17	20		12	6	6	8		11	25	17
23		14		10		25		9		23		22
8	6	20 **S**	13	25	15	20		11	15	8	4	6
15		23 **I**		5		11		18		4		6
20	14	22 **L**	22	6	2		23	20	22	14	26	7
11				5		1				26		20
6	3	5	15	20		5	6	3	25	23	20	18
26		23				6		22				15
15	21	4	15	5	11	20		6	2	26	15	7
		15		6		20		2		14		
22	14	5	19	14		24	23	20	20	23	6	26
6				1		23				22		15
22	25	5	1	18	15	5		4	14	20	11	14
22		15				15		15				11
6	22	7	15	20	11		23	26	11	14	16	15
4		5		23		25		1		7		26
23	8	14	3	15		20	11	23	8	25	22	23
26		2		19		15		22		22		26
3	25	26		15	26	7	20		20	11	14	3

A B C D E F G H ~~I~~ J K ~~L~~ M N O P Q R ~~S~~ T U V W X Y Z

| 1 | 2 | 3 | 4 | 5 | 6 | 7 | 8 | 9 | 10 | 11 | 12 | 13 |
| 14 | 15 | 16 | 17 | 18 | 19 | 20 **S** | 21 | 22 **L** | 23 **I** | 24 | 25 | 26 |

Codeword grid:

		20	18	23	26	18	1	14		
	9		20		8		2		15	
3	15	20	12	14	22		19	5	22	8
4		18		19		12	22	19		10		7
8	16	16	22	15	14		8	22	11	14	22	21
6 (V)		5		24			10		15			11
8 (A)		14	24	23	19	26		8	7	19	6	14
24 (N)	15	24				8		11		15		
24			14	24	19	22	20	19	15	4	2	21
8		15		8		22		2		11		15
13	19	4	12	18	11	8	7	2	21			2
		14		6		24				16	15	14
19	2	23	18	14		11	19	19	11	13		11
16			20		7			25		8		18
13	14	2	12	14	22		22	18	1	2	14	23
14		19		23	8	23		23		18		14
	10	15	22	15		8	12	18	14	16	14	
	23		16		17		4		14	
		2	14	6	14	22	14	11	

A̶ B C D E F G H I J K L M N̶ O P Q R S T U V̶ W X Y Z

1	2	3	4	5	6 (V)	7	8 (A)	9	10	11	12	13
14	15	16	17	18	19	20	21	22	23	24 (N)	25	26

	12		2		14		5		10		24	
12	6 **C**	1	8	8	13	2	12		5	23	16	26
	16 **O**		21		5		6		25		22	
17	20 **R**	2	25	4	19		20	2	22	11	25	12
	6		22				22		12		2	
6	21	22	6		15	16	10	12	8	2	20	12
5			5		2		2		2			
10	2	13	13	16	26	12		14	20	5	15	12
	2		13		22		13				16	
6	20	5	19	16	25		22	25	17	13	1	9
	22				11		7		5		20	
10	2	5	3	12		21	1	20	13	22	25	11
			22		8		16		12			22
13	2	6	8	1	20	2	20		2	23	2	25
	9		6		5				21		18	
22	8	6	21	2	18		23	22	16	13	22	25
	16		2		2		16		16		8	
11	13	2	25		20	5	22	25	18	20	16	14
	12		12		12			18		12		20	

A B C̶ D E F G H I J K L M N Ø P Q R̶ S T U V W X Y Z

1	2	3	4	5	6 **C**	7	8	9	10	11	12	13
14	15	16 **O**	17	18	19	20 **R**	21	22	23	24	25	26

23	2	19	14	4	3	■	14	21	16	13	3	8
19	■	19	■	15	3	21	■	21	■	■	■	25
16	■	9	3	13	15	■	15	13	25	12	■	9
21 **E**	22 **G**	3 **O**	■	■	6	■	4	■	■	3	9	24
1	■	3	■	14	19	21	13	23	■	2	■	21
12	19	15	15	21	2	■	21	2	6	7	21	14
■	■	21	■	5	■	6	■	3	■	21	■	■
23	4	1	■	19	■	3	■	4	■	1	8	21
26	■	■	22	1	4	5	25	6	21	■	■	17
19	13	24	25	■	■	5	■	■	20	25	13	21
25	■	■	23	6	3	19	1	22	21	■	■	6
14	4	16	■	3	■	2	■	21	■	23	25	2
■	■	25	■	5	■	21	■	25	■	2	■	■
16	21	13	20	4	6	■	12	1	■	21	10	21
25	■	4	■	6	7	25	3	23	■	25	■	24
19	1	24	■	■	19	■	18	■	■	14	4	5
24	■	22	3	9	24	■	4	24	11	8	■	4
6	■	■	25	■	11	21	24	■	21	■	■	2
7	3	6	11	21	8	■	22	4	22	22	13	8

A B C D E̸ F G̸ H I J K L M N Ø P Q R S T U V W X Y Z

1	2	3 **O**	4	5	6	7	8	9	10	11	12	13
14	15	16	17	18	19	20	21 **E**	22 **G**	23	24	25	26

21		14				20		26				16
18	20	18	16		22	18	5	18	7	8	12	9
6		10		16		5		14		22		14
6	18	2	25	9	13	14		2	17	1	14	9
5		9		14				8		18		16
8	22	1	9	4	10	17	10	14		16	9	19
16		18		17		18		4		4		9
6	17	12	9	16		16	9	14	2	8	12	23
	23			9		14				18		6
23	9	14 (S)	8 (I)	16 (R)	9		4	16	8	6	21	13
8		4				26		9			18	
14	2	16	18	1	9	16		2	6	18	12	25
3		18		16		9		17		19		8
10	16	12		9	24	4	17	16	4	8	17	12
18		5		14				23		18		5
6	9	9	16	14		15	11	9	4	4	9	23
8		16		8		8		16		8		17
26	18	14	4	12	9	14	14		16	17	18	22
13				5		9				12		14

A B C D E F G H ~~I~~ J K L M N O P Q ~~R~~ ~~S~~ T U V W X Y Z

1	2	3	4	5	6	7	8 I	9	10	11	12	13
14 S	15	16 R	17	18	19	20	21	22	23	24	25	26

Codeword puzzle grid:

Row 1: _ | 9 | _ | 4 | _ | 20 | _ | 3 | _ | 9 | _ | 1 | _
Row 2: 23 | 25 | 18 | 21 | 1 | 7 | 18 | 24 | _ | 13 | 8 | 3 | 6
Row 3: _ | 18 | _ | 9 (**F**) | _ | 3 | _ | 17 | _ | 3 | _ | 25 | _
Row 4: 9 | 18 | 25 | 25 (**R**) | 18 | 20 | _ | 8 | 25 | 5 | 3 | 21 | _
Row 5: _ | 10 | _ | 3 (**A**) | _ | 1 | _ | 4 | _ | _ | _ | 3 | _
Row 6: 12 | 18 | 3 | 25 | _ | 7 | 8 | 21 | 18 | 2 | 20 | 13 | 11
Row 7: _ | _ | _ | 18 | _ | _ | _ | _ | _ | 18 | _ | _ | _
Row 8: 7 | 18 | 3 | 24 | 26 | 3 | 21 | 24 | _ | 14 | 4 | 2 | 3
Row 9: _ | 15 | _ | _ | _ | 2 | _ | 18 | _ | 18 | _ | 16 | _
Row 10: _ | 12 | 4 | 14 | 8 | 20 | _ | 14 | 18 | 25 | 2 | 22 | 2
Row 11: _ | 3 | _ | 8 | _ | 22 | _ | 4 | _ | 18 | _ | 3 | _
Row 12: 19 | 21 | 8 | 20 | _ | 20 | 3 | 1 | 20 | 13 | 18 | 2 | 2
Row 13: _ | 24 | _ | 18 | _ | 18 | _ | 18 | _ | 11 | _ | 7 | _

Letter-number key:

1	2	3 A	4	5	6	7	8	9 F	10	11	12	13
14	15	16	17	18	19	20	21	22	23	24	25 R	26

Codeword puzzle grid (13 columns):

	22			5	18	22	4	1 **A**			5	
17	4	26	5	18		1		24 **M**	4	26	21	14
	25		6	1	10	10	16	22 **P**	5		4	
23	20	9	16			18			10	4	7	21
	18		17		4	17	18		18		10	
5	21	17	18	6	26		24	1	5	3	18	5
6		18			21	1	22			1		6
1	10	22	4	26	18		16	17	1	26	2	18
10		20			17		6			9		10
10	1	2		20	22	22	18	9		10	16	21
16		26			16		17			18		18
6	18	1	8	18	5		24	18	24	11	18	17
18		26			4	12	18			1		18
9	18	21	1	4	26		26	18	1	17	18	9
	14		19		2	16	21		9		10	
11	18	1	20			1			1	13	4	5
	4		17	18	18	15	4	26	2		13	
4	26	7	18	17		20		18	18	17	4	18
	2			1	9	24	4	21			17	

A B C D E F G H I J K L M N O P Q R S T U V W X Y Z

1 **A**	2	3	4	5	6	7	8	9	10	11	12	13
14	15	16	17	18	19	20	21	22 **P**	23	24 **M**	25	26

8	25	4	7	22	16	1	■	13	7	3	14	13
■	3	■	21	■	19	■	23	■	5	■	23	■
13	3	9	23	■	26	4	12	4	19	4	7	10
■	13	■	19	■	10	■	7	■	19	■	21	■
6	16	13	13	10	■	1	16	26	16	25	3	14
■	■	■	4	■	13	■	1	■	25	■	25	■
13	12	20	16	6	16	13	■	9	25	23	13	20
■	23	■	19	■	19	■	20	■	16	■	■	■
13	6	5	7	■	13	17	4	19	1	25	16	13
■	16	■	■	■	3	■	1	■	■	■	15	■
12	3	19	13	16	21	26	16	■	8	23	7	20
■	■	■	16	■	13	■	3	■	16	■	3	■
17	23	21	6	13	■	11	5	4	12	24	25	10
■	1	■	8	■	3	■	7	■	24	■	■	■
4	6	14	25 **L**	3	1	16	■	2	3	24	16	13
■	4	■	23 **A**	■	1	■	5	■	19	■	26	■
7	21	5	19 **N**	1	25	16	13	■	4	8	4	13
■	16	■	12	■	10	■	16	■	19	■	12	■
23	13	20	16	13	■	9	21	4	18	23	7	16

A̶ B C D E F G H I J K L̶ M N̶ O P Q R S T U V W X Y Z

1	2	3	4	5	6	7	8	9	10	11	12	13
14	15	16	17	18	19 **N**	20	21	22	23 **A**	24	25 **L**	26

6	17	14	7	1	21		20	22	17	24	14	6
	22		17		14		22		12		7	
	21	24	12		7	19	6		10	14	1	
			23	8	18		7	14	3			
	7	3	18	24		15		24	2	24	6	
	26		4	14	22	24	5	12	11		23	
3	10	4		19		4		22		18	7	3
	C	**U**	**B**									
8	7	14	2	6		14		3	23	11	17	10
14		22		5	7	25			14		17	
23	1	6	22	19	24		24	13	23	25	22	3
1		2			11	24	1			12		7
22	1	12	24	25		13		4	14	24	7	2
3	23	11		10		22		8		6	24	24
	19		5	14	24	25	6	7	16		23	
	6	1	23	4		6		9	23	22	1	
			12	23	17		5	22	14			
	2	22	19		23	16	12		2	24	11	
	23		24		24		7		24		24	
19	22	7	19	24	18		16	22	19	23	16	6

A B̸ C̸ D E F G H I J K L M N O P Q R S T Ʉ̸ V W X Y Z

1	2	3	4	5	6	7	8	9	10	11	12	13
		C	**B**						**U**			
14	15	16	17	18	19	20	21	22	23	24	25	26

25		6		12		20		17		7	
3	8	4	2	8	5	10	7	25	2	2	18
1		8		2		12		22		6		7
26	12	9 **R**	4 **I**	6 **G**	23	9		8	12	12	26	12
		20		24		16		13		8		8
17	6	23	13		13	8	21	26	2	1	8	3
6				25				24				14
5	12	8	8	11	9	3	4		19	25	6	18
22		3		7		26		13		3		
8	3	10	8	12		25	20	8	2	8	20	20
1		9		26		4		2		6		26
	20	5	6	3	1	6	2	26	25	20	2	18
		8		10		10		15		8		6

A B C D E F G̷ H I̷ J K L M N O P Q R̷ S T U V W X Y Z

1	2	3	4 **G**	5	6	7	8	9 **I**	10	11	12 **R**	13
14	15	16	17	18	19	20	21	22	23	24	25	26

57

13	20	9	8	13	25	9	6		12	20	17	13
5		4		26			22		7			5
18		13		18	6	13	6	7	4	22	6	3
11	18	9	21	6			19		12			3
6		22		16		13	26	16	4			6
3	18	6	16	7	26		12		6	16	18	20
		26			18	9	9	17		21		22
16	15	6	20	3	16		20		14	5	18	2
10			9		20	6	6			18		
6	10	5	3	6	13		6	16	26	6	18	2
		20			24 P	16 A	18 R		12			6
12	18	12	13		9		12	26	19	25	6	13
20		26		4	18	16	20			9		
6	8	6	18		26		15	6	12	13	25	16
23			6	10	16	7		1		6		18
5			4		26			16	13	24	12	19
12	7	7	5	20	12	13	6	3		12		25
26			17		9			6		24		6
2	9	17	6		20	6	6	3	22	6	13	13

A̸ B C D E F G H I J K L M N O P̸ Q R̸ S T U V W X Y Z

1	2	3	4	5	6	7	8	9	10	11	12	13
14	15	16 **A**	17	18 **R**	19	20	21	22	23	24 **P**	25	26

Codeword puzzle 58

	2	5	11	16	1		12	7	3	18	6	
	3		16		16		25		18		18	
8	18 **U**	2 **M**	20 **B**	21	16		5	20	1	18	7	26
	23		7		6	5	7		23		1	
1	25	3	5	21	1		2	3	1	9	18	16
	16			15				7			16	
	26	15	10	16	7		21	16	10	16	7	
25			16		16	22	16		16			23
5	12	3	7	14	1		5	15	7	24	5	22
7			7		18		13		5			7
1	16	17	18	5	21		15	14	14	5	23	16
25			12		23	5	14		26			1
	23	25	5	24	1		19	7	5	4	23	
	18			5				22			24	
15	2	6	5	7	23		12	16	7	16	5	21
	20		7		16	7	7		18		14	
5	21	6	15	14	16		5	21	21	16	19	16
	16		1		2		11		16		16	
	26	16	16	2	1		16	5	1	16	26	

A ~~B~~ C D E F G H I J K ~~L~~ M N O P Q R S T ~~U~~ V W X Y Z

1	2 **M**	3	4	5	6	7	8	9	10	11	12	13
14	15	16	17	18 **U**	19	20 **B**	21	22	23	24	25	26

17	20	12	14	■	12	4	13	20	■	9	6	9
16	■	8	■	25	■	21	■	21	■	16	■	20
22	20	26	5	19	16	16	■	7	20	26	1	12
20	■	20	■	26	■	10	■	16	■	8	■	12
10	20	9	1	6	10	■	20	12	12	19	22	16
17	■	■	■	16	■	12	■	■	■	26	■	10
6	17	16	20	12	■	2	20	12	14	15	20	3
10	■	7	■	■	■	6	■	14	■	■	■	16
3	7	20	17	17	16	10	■	20 (A)	7	8	16	26
■	8	■	4	■	■	17	■	10 (N)	■	20	■	■
14	16	16	7	12	■	7	6	1 (K)	16	10	16	17
20	■	■	■	16	■	16	■	■	■	1	■	6
9	7	19	10	17	16	26	■	22	20	12	4	10
14	■	10	■	■	■	12	■	4	■	■	■	4
20	15	15	16	12	12	■	15	26	6	16	23	12
11	■	4	■	8	■	12	■	8	■	18	■	20
20	24	19	8	16	■	24	14	20	8	16	20	19
26	■	10	■	20	■	19	■	7	■	10	■	26
17	6	17	■	7	6	22	16	■	19	12	16	12

A̸ B C D E F G H I J K̸ L M N̸ O P Q R S T U V W X Y Z

1	2	3	4	5	6	7	8	9	10	11	12	13
K									N			
14	15	16	17	18	19	20	21	22	23	24	25	26
						A						

Codeword Puzzle 60

22	13	3	13	18	8	2	10	■	1	13	8	7
4	■	4	■	23	■	■	11	■	13	■	■	10
3	■	8	■	9	22	14	18	2	2	13	8	20
22	17	4	5	4	■	■	21	■	14	■	■	20
18	■	19	■	2	■	18	22	13	19	■	■	18
21	18	17	13	18	15	■	10	■	25	18	4	21
■	■	18	■	■	21	10	6	14	■	22	■	18
15	4	14	19	13	4	■	18	■	25	10	6	17
18	■	■	10	■	2	4	21	■	■	19	■	■
6	25	18	8	19	18	■	13	8	19	25	18	7
■	■	17	■	■	21	4	8	■	9	■	■	24
18	26	26(B)	14	■	8	■	20	24	21	4	2	18
16	■	10(O)	■	11	13	4	17	■	■	■	22	■
19	10	6(W)	17	■	14	■	24	18	17	22	18	7
18	■	■	4	12	4	21	■	21	■	21	■	6
17	■	■	5	■	2	■	■	4	6	10	1	18
17	13	2	13	20	13	10	9	14	■	11	■	17
18	■	■	8	■	10	■	■	18	■	18	■	17
7	13	8	20	■	8	18	9	21	10	14	13	14

A B̶ C D E F̶ G H I J K L M N Ø P Q R S T U V Ẅ X Y Z

1	2	3	4	5	6 W	7	8	9	10 O	11	12	13
14	15	16	17	18	19	20	21	22	23	24	25	26 B

61

	25		16		21		4		7			
12	16	11	10		3	10	16	21	24	10	2	
	7		12		3		10		16		7	
14	4	12	7	19	21		3	23	11	15	24	18
	4				24		23		5		16	
5	23	10	18	18		9	21	16	12	7	11	15
	21		22		8		2				25	
7	18	18	14	2	21	24		18	26	21	7	12
			7		17		18		7		23	
12 T	26 W	21 E	23	8	21		26	1	11	23	18	12
	10		23		18		7		12			
12	16	6	18	12		11	15	13	21	9	12	18
	19				18		18		16		16	
12	1	16	14	18	12	18		7	18	12	21	16
	10		15		14		3				7	
9	16	7	20	21	24		10	16	3	11	12	18
	18		11		11		18		14		11	
	21	2	4	23	10	6	18		9	10	18	12
			18		18		6		19		21	

A B C D ~~E~~ F G H I J K L M N O P Q R S ~~T~~ U V ~~W~~ X Y Z

1	2	3	4	5	6	7	8	9	10	11	12 T	13
14	15	16	17	18	19	20	21 E	22	23	24	25	26 W

13	19	8	21	14	5	■	20	22	21	20	2	17
23	■	13	■	9	■	19	■	10	■	11	■	16
13	19	19	■	20	11	14	7	20	■	25	19	26
14	■	20	■	3	■	7	■	12	■	14	■	20
7	26	21	24	13	19	20	24	13	14 (O)	19	20	21
15	■	■	26	■	■	23	■	■	11 (R)	■	■	15
■	1	14	19	1	17	13	4	20	22 (B)	21	6	■
14	■	26	■	14	■	1	■	21	■	13	■	20
23	17	24	17	1	24	■	20	25	11	17	17	15
13	■	■	■	10	■	■	■	17	■	■	■	9
26	19	15	14	21	23	■	20	22	11	20	23	17
7	■	3	■	17	■	3	■	11	■	5	■	23
■	8	20	19	20	24	13	1	20	21	21	6	■
15	■	■	17	■	■	24	■	■	17	■	■	15
13	7	3	17	11	1	17	3	24	13	22	21	6
1	■	20	■	17	■	14	■	14	■	11	■	19
9	17	25	■	1	10	26	11	19	■	17	20	24
21	■	17	■	24	■	15	■	20	■	20	■	20
6	20	11	11	14	5	■	1	21	13	7	20	18

A B̸ C D E F G H I J K L M N̸ O P Q R̸ S T U V W X Y Z

1	2	3	4	5	6	7	8	9	10	11 R	12	13
14 O	15	16	17	18	19	20	21	22 B	23	24	25	26

12	21	20	2	8	20	5		12	6	2	19	21
	5		16		7		8		2		17	
8	24	16	14		14	9	24	19	19	20	5	12
	13		10		23		9		20		18	
5	20	26	24	14		26	17	10	5	16	2	9
			12		24		12		2		9	
20	18	6	15	24	16	14		2	19	24	12	12
	17		20		12		10		20			
2	4	20	7		21	20	16	8	16	24	3	20
	24				20		18				9	
12	6	5	20	20	6	15	23		5	20	2	21
			16		18		24		20		24	
1	5	2	22	20		2	16	24	19	2	9	12
	20		24		26 **J**		14		24			
1	5	10	12	11	10 **U**	20		12	16	17	25	23
	17		2		5 **R**		10		7		15	
17	10	18	14	5	17	25	16		24	1	24	12
	18		20		5		7		16		12	
1	20	2	12	18		7	17	10	14	15	18	23

A B C D E F G H I̷ K L M N O P Q̷ R̷ S T U̷ V W X Y Z

1	2	3	4	5 **R**	6	7	8	9	10 **U**	11	12	13
14	15	16	17	18	19	20	21	22	23	24	25	26 **J**

19	22	5	9	13	■	24	20	26	2	23	11	17
13	■	10	■	7	■	10	■	20	■	22	■	2
2	■	20	26	7	25	10	■	20	10	20	22	5
15	■	14	■	10	■	24	■	10	■	26	■	6
2	5	10	22	20	24	17	■	7	26	5	10	20 (R)
10	■	■	25	■	■	10	23	2	■	10	■	10 (E)
24	26	25	25	10	20	■	■	24	26	20	10	6 (D)
■	23	■	13	■	22	25	8	22	■	■	■	24
21	22	5	24	22	24	22	■	19	13	13	24	17
■	8	■	■	19	■	24	■	25	■	■	26	■
24	13	1	5	16	■	17	22	4	20	26	21	18
17	■	■	■	24	10	16	24	■	22	■	18	■
20	10	7	10	20	■	■	10	12	21	10	16	16
10	■	22	■	22	12	10	■	■	10	■	■	26
16	13	5	26	21	■	16	22	5	6	19	22	8
17	■	24	■	24	■	16	■	13	■	22	■	5
13	18	22	11	26	■	22	25	26	19	26	■	26
25	■	26	■	5	■	4	■	16	■	3	■	7
6	10	25	2	8	10	16	■	10	14	10	20	4

A B C Ø Œ F G H I J K L M N O P Q Ø S T U V W X Y Z

1	2	3	4	5	6 D	7	8	9	10 E	11	12	13
14	15	16	17	18	19	20 R	21	22	23	24	25	26

A grid puzzle (Codeword) with numbered cells:

8	21	8	22	20	4		12	8	6	16	26	13
	20		8		1		10		24		8	
	17	8	24		3	13	12		8	17	25	
			26	8	18		10	24	1			
	9	15	20	22		2		13	16	13	9	
	26		6	4	10	24	12	26	3		13	
5	10	2		1		8		20		9	13	8
13	17	13	24	3		11		6	4	6	16	9
6		7			9	4	25			24		12
16	1	20	22	5	12		8	20	24	20	13	24
26		14			3	13	15			17		20
13	24	10	25	12		20		2	20	25	4	21
21	4	13		5		22		26		9	5	13
	2		25	20	12	5	13	8	21		17	
	9	5	10	1		12		24	10	2	9	
		1	13	12		9	13	6				
		N	E	T								
	19	8	1		4	15	13		16	20	21	
	26		13		10		24		13		20	
23	10	21	21	13	24		19	8	21	20	1	22

A B C D ~~E~~ F G H I J K L M ~~N~~ O P Q R ~~S~~ ~~T~~ U V W X Y Z

1	2	3	4	5	6	7	8	9	10	11	12	13
N											T	E
14	15	16	17	18	19	20	21	22	23	24	25	26

	10		19		10		24		10			
12	8	4	14		21	2	11	20	26	1	4	
	5		17		2		21		7		1	
10	5	14	9	9	10		21	7	14	14	9	10
	8				22		1		25		1	
10	22	2	10	16		2	7	7	1	2	7	10
	23		3		10		10				7	
11	10	10	8	11	20	19		5	16	1	2	26
			11		2		10		14		17	
11	7 **R**	14	20	11	5		16	14	2	7	10	1
	1 **E**		26		15		1		6			
14	23 **B**	1	10	1		2	4	25	1	7	23	10
	14				23		10		7		17	
4	8	10	26	22	2	20		8	10	8	2	17
	20		16		23		26				20	
1	4	19	11	17	18		13	16	1	17	15	10
	1		7		10		11		2		1	
	4	11	10	22	2	18	10		10	2	26	1
		26		26		26		26		10		

A B̸ C D Ȩ̸ F G H I J K L M N O P Q R̸ S T U V W X Y Z

1	2	3	4	5	6	7	8	9	10	11	12	13
E						**R**						
14	15	16	17	18	19	20	21	22	23	24	25	26
									B			

67

A B C D̸ E̸ F G H̸ I̸ J K L M N O P Q R S T U V W X Y Z

1	2	3	4 I	5	6	7	8	9	10 D	11	12	13
14	15	16	17	18	19	20	21	22	23	24	25	26 E

72

		12	21	3	8	16	17	19	7	21		
	2		7		16		12		9		24 **P**	
15	16	5	5	7	18		11	8	21	7	10 **L**	23
	7		12		10				7		16 **U**	
18	16	18	16		12	19	12	1	17	12	11	23
	7		10		26		1		21			
7	21	9	18	23		24	9	25	8	18	7	21
			7		7		18		26		4	
15	12	19	21	12	19	19	12		19	7	12	18
	17				25		18				11	
3	7	7	17		7	4	8	17	6	9	23	18
	19		7		10		17		8			
6	12	11	24	13	8	17		23	24	9	6	20
			10		24		16		22		13	
1	7	19	9	16	23	7	23		17	12	9	21
	12		6				7		9		19	
23	18	7	12	21	22		5	9	1	13	18	23
	23		18		7		16		13		14	
		25	7	19	18	9	10	12	18	7		

A B C D E F G H I J K L̸ M N O P̸ Q R S T U̸ V W X Y Z

| 1 | 2 | 3 | 4 | 5 | 6 | 7 | 8 | 9 | 10 **L** | 11 | 12 | 13 |
| 14 | 15 | 16 **U** | 17 | 18 | 19 | 20 | 21 | 22 | 23 | 24 **P** | 25 | 26 |

	25		19	15	4	25	18	13	14		20	
12	4	22	8				2		17	8	24	7
	8		26	19	3	1	4	24	26		22	
22	26	13	19		1		8		19		18	
	22		4		19		10	22	13	18	19	26
	26		1	24	22	8		25		17		22
18	4	15	22		23		8	22	6	16	24	7
										B	**U**	**S**
19			8		2			8		4		7
7	13	22	23	2	18	22	8	23		25	24	19
18		8			19		17			25		8
4	3	18		18	1	4	8	7	9	17	1	18
6		19		11			9		17			19
19	4	1	11	22	23		4		1	17	4	1
8		22		8		11	1	22	18		26	
18	4	6	9	19	1		19		1		5	
	12		17		17		22		4	16	24	18
	17		24	7	24	4	13	13	14		8	
21	22	8	25		7				4	1	25	2
	26		2	4	18	19	3	24	13		18	

A B̸ C D E F G H I J K L M N O P Q R̸ S T̸ U̸ V W X Y Z

| 1 | 2 | 3 | 4 | 5 | 6 | 7 **S** | 8 | 9 | 10 | 11 | 12 | 13 |
| 14 | 15 | 16 **B** | 17 | 18 | 19 | 20 | 21 | 22 | 23 | 24 **U** | 25 | 26 |

9	22	17	4 **S**	13 **T**	17 **I**	2	25	■	4	5	15	1
3	■	2	■	18	■	19	■	■	■	19	■	17
15	2	13	18	21	19	12	1	■	17	5	9	4
19	■	9	■	2	■	12	■	14	■	13	■	19
10	19	12	11	■	5	19	2	18	6	17	9	4
4	15	2	■	■	■	13	■	8	■	■	■	13
■	12	■	17	■	20	9	9	10	■	20	15	12
26	19	2	1	10	9	■	■	9	■	19	■	18
9	■	■	9	■	21	19	12	4	■	24	■	15
12	9	7	19	11	9	■	15	4	26	9	12	4
7	■	18	■	17	12	18	2	■	9	■	■	10
9	■	16	■	2	■	■	2	17	7	23	10	8
13	9	9	■	1	9	2	8	■	4	■	17	■
17	■	■	■	12	■	18	■	■	■	26	19	4
5	19	4	4	9	13	13	9	■	26	19	12	6
19	■	6	■	1	■	5	■	8	■	25	■	19
10	18	17	2	■	13	26	12	18	2	25	9	1
10	■	5	■	■	■	9	■	25	■	10	■	9
8	19	11	4	■	9	1	25	17	2	9	4	4

A B C D E F G H ̸ I ̸ J K L M N O P Q R S ̸ T ̸ U V W X Y Z

1	2	3	4 **S**	5	6	7	8	9	10	11	12	13 **T**
14	15	16	17 **I**	18	19	20	21	22	23	24	25	26

2	25	3	5	26	2		15	24	1 **H**	20	23	20
23			7		23	8	20		7 **O**			26
25		21	26	19	7		26	20	20 **E**	6		15
13	25	26			7		5			7	10	5
19		16		7	11	21	9	20		26		2
15	19	21	13	13	8		20	26	16	7	5	26
		15		19		20		19		23		
25	24	19		20		4		20		15	5	23
4			7	26	15	1	7	23	20			20
20	18	23	21			25			12	5	19	1
9			23	20	14	21	5	23	20			25
15	25	18		9		15		5		23	7	10
		7		13		19		24		20		
22	7	15	25	5	18		10	20	25	11	20	23
7		22		26	8	9	7	26		25		7
15	17	5			22		15			22	25	18
20		18	23	25	10		15	20	20	24		17
8			20		25	24	20		22			20
15	12	5	11	20	9		15	7	21	15	20	6

A B C D E̸ F G H̸ I J K L M N Ø P Q R S T U V W X Y Z

1 **H**	2	3	4	5	6	7 **O**	8	9	10	11	12	13
14	15	16	17	18	19	20 **E**	21	22	23	24	25	26

Codeword

	9	19	6	5	16		19	24	15	14	3	
	22		8		18		18		4		25	
2	4	13	22	18	21		24	21	19	12	6	5
	4		12		21	12	15		2		24	
2	19	12	21	21	1		21	20	12	19	22	3
	18			4				4			22	
	11	18	15	4	19		26	18	19	14	1	
24			7		18	2	4		24			2
13	24	8	24	8	24		22	12	8	2	18	19
1			19		19		22		3			24
3	15	24	5	16	12		12	5	24	2	18	3
3			18		8	6	21		15			3
	3	15	19(R)	24(A)	2(G)		1	4	14	18	22	
	7			10				12			12	
17	12	16	16	18	11		13	22	18	24	15	7
	9		24		4	11	18		23		7	
3	21	24	19	21	3		19	18	18	14	18	11
	18		14		18		21		8		8	
	11	19	24	20	3		7	24	3	16	3	

A̸ B C D E F̸ G̸ H I J K L M N O P Q R̸ S T U V W X Y Z

1	2 G	3	4	5	6	7	8	9	10	11	12	13
14	15	16	17	18	19 R	20	21	22	23	24 A	25	26

13	18	12	2	8		8	17	19	20	2	8	
16		11		17		24		9		12		5
9	12	14		22	12	24	20	16	12	22	8	15
20		16		18		10		8		25		8
22	9	8	25	12	7		12	10	22	19 H	2 M	12 A
8				25		8				8		
15	8	24	12	22	8	10		19	12	10	22	8
		16		10		22		12				12
20	11	5	22		23	12	11	5	22	9	18	10
7		22		21		24		16		21		8
10	5	4	8	12	24	16	8		5	11	14	10
8			26		5		9		8			
22	8	10	22	3		10	8	26	8	18	12	16
	1			19		8				5
22	19	20	2	7	10		24	18	12	14	8	10
12		5		20		8		20		11		22
25	9	11	13	18	9	11	22	10		12	6	8
14		22		8		26		8		25		11
	9	10	7	18	8	3		15	3	14	8	10

A̸ B C D E F G H̸ I J K L M̸ N O P Q R S T U V W X Y Z

1	2 M	3	4	5	6	7	8	9	10	11	12 A	13
14	15	16	17	18	19 H	20	21	22	23	24	25	26

15	23	20	13	6	■	20	5	5	9	17	3	12 **E**
12	■	9	■	11	■	3	■	17	■	24	■	20 **A**
25	■	17	3	24	19	12	■	2	20	21	12	9 **R**
6	■	14	■	9	■	9	■	12	■	25	■	11
8	12	20	1	12	11	25	■	9	20	6	25	12
12	■	■	6	■	■	12	12	19	■	7	■	25
25	20	19	3	12	9	■	■	12	26	12	9	21
■	14	■	12	■	17	24	9	25	■	■	■	19
23	24	25	25	6	12	25	■	25	23	6	11	10
■	25	■	■	14	■	20	■	19	■	■	12	■
9	12	22	20	5	■	16	12	10	25	12	9	25
6	■	■	■	20	26	12	19	■	14	■	3	■
22	20	19	14	25	■	■	4	11	6	1	12	8
17	■	20	■	25	23	12	■	■	9	■	■	9
22	20	22	21	6	■	11	12	22	4	21	6	12
23	■	18	■	3	■	8	■	6	■	12	■	8
12	26	24	8	12	■	12	20	21	12	11	■	16
21	■	12	■	19	■	20	■	12	■	17	■	12
25	5	9	20	10	12	9	■	25	17	11	16	25

A B C D E F G H I J K L M N O P Q R S T U V W X Y Z

1	2	3	4	5	6	7	8	9	10	11	12	13
								R			**E**	
14	15	16	17	18	19	20	21	22	23	24	25	26
						A						

6	15	6	18	17	1	1	14		19	24	11	23
20		25		22		6				17		25
23	1	19	13	9	17	19	6		10	23	22	22
13		22		15		19		19		25		6
10	22	17	15		16	23	1	11	19	19	6	14
14 **S**	11 **O**	10 **P**				16		2				10
	19		16		1	6	17	10		5	11	11
21	17	24	1	13	17			17		6		25
6			6		21	23	14	19		17		14
9	17	25	3	23	1		16	24	13	1	1	13
11		6		10	6	14	11		11			7
25		26		3			22	6	19	13	22	6
14	6	19		22	11	10	6		17		6	
19				11		13				2	6	18
22	6	3	23	25	21	6	21		8	17	1	1
17		11		19		22		12		13		17
18	17	22	4		17	16	24	13	6	7	6	21
1		23				6		18		6		6
15	17	9	14		17	14	14	6	14	14	6	14

A B C D E F G H I J K L M N Ø̸ Ø̸ Q R Ø̸ T U V W X Y Z

1	2	3	4	5	6	7	8	9	10 **P**	11 **O**	12	13
14 **S**	15	16	17	18	19	20	21	22	23	24	25	26

25	9	13	13	16	18	■	3	11	1	4	10	18
9	■	18	■	7	■	5 **C**	■	9	■	7	■	22
17	9	20	■	5	15	8 **A**	17	11	■	14	15	7
3	■	17	■	1	■	22 **P**	■	9	■	18	■	23
21	17	8	1	11	8	21	9	5	8	16	16	19
3	■	■	3	■	■	8	■	■	14	■	■	11
■	1	23	18	21	15	9	5	8	16	16	19	■
8	■	18	■	9	■	23	■	16	■	18	■	8
10	16	18	8	11	3	■	8	10	18	9	23	10
9	■	■	■	22	■	■	■	18	■	■	■	8
16	8	20	9	8	16	■	7	20	12	18	5	21
18	■	7	■	23	■	2	■	17	■	10	■	18
■	25	8	5	9	16	9	21	8	21	7	17	■
3	■	■	7	■	■	11	■	■	1	■	■	3
6	1	18	3	21	9	7	23	9	23	10	16	19
1	■	20	■	7	■	23	■	10	■	1	■	23
8	16	20	■	14	15	7	17	16	■	18	8	21
4	■	18	■	18	■	3	■	7	■	3	■	8
3	8	4	4	16	18	■	26	7	17	21	18	24

A̶ B C̶ D E F G H I J K L M N O̶ P̶ Q R S T U V W X Y Z

1	2	3	4	5 **C**	6	7	8 **A**	9	10	11	12	13
14	15	16	17	18	19	20	21	22 **P**	23	24	25	26

15	13	8	23	9	25	17	■	■	24	■	17	■
■	16	■	19	■	3	■	15	4	21	7	13	17
18	12	6	21	4	1	■	13	■	26	■	11	■
■	9	■	■	■	12	21	25	15	12	7	24	13
8	13	15	22	■	5	■	15	■	1	■	12	■
12	■	■	4	9	12	22	12	■	1	4	21	7
4	7	4	15	■	13	■	13	■	12	■	■	4
■	4	■	7	■	6	12	8	12	21	13	15	17
17	25	13	13	6	■	■	13	■	7	■	13	■
■	13	■	■	■	10	23	17	■	■	■	14	■
■	4	■	10	■	2	■	■	17	19	23	23	1
20	24	17	2	15	23	23	20	■	23	■	12	■
4	■	■	13	■	15	■	4	■	24	15	21	17
25	4	9	10	■	12	6	3	9	9	■	■	2
■	10	■	18	■	17	■	5 F	■	6	15	4	3
7	24	21	20	13	25	4	9 L	■	■	■	9	■
■	20	■	4	■	13	■	12 I	21	7	23	25	17
2	13	4	25	13	15	■	13	■	21	■	13	■
■	21	■	13	■	■	13	17	11	24	12	15	13

A B C D E ~~F~~ G H ~~I~~ J K ~~L~~ M N O P Q R S T U V W X Y Z

1	2	3	4	5 F	6	7	8	9 L	10	11	12 I	13
14	15	16	17	18	19	20	21	22	23	24	25	26

18	25	9	25	11	9		4	19	23	18	7	17
25		25			3		17			17		8
8		18			6		20			15		17
19	2	13	3	6	9		25	2	16	19	1	13
11			23		19	1	6		3			7
9	3	12	1	19	11		8	3	11	13	1	14
	15			4				12			23	
	19		22	3	2	16	23	2	19		5	
17	11	22	7		23		21			6	17	25	1
	8		23	2	22	1	23	2	19		23	
25	11	4	19		19		3		11	25	21	21
	23		16	23	11	18	13	1	14		23	
	22			2				3			18	
21	19	22	17	2	13		1	3	22	24	19	21
23			23		17	26	19		17			25
18	22	17	11	17	9		17	12	2	23	2	4
17		15			1		21			21		3
11		19			19		19			1		25
6	17	11	24	19	13		11	19	10	19	22	13

A B C̶ D E F G H I J K L M̶ Ø P Q R S T U V W X Y Z

(grid shows: 22=C, 3=O, 2=N)

1	2 N	3 O	4	5	6	7	8	9	10	11	12	13
14	15	16	17	18	19	20	21	22 C	23	24	25	26

	11	22	5	20	23	10	11		15	16	9	24
24		13		23		21		9		20		9
21	17	9		23	20	11	12	26	19	3	9	2
16		25		9		3		10		26		11
3	20	21	5	21		9	8	22	19	5	3	
6				11				19		17		21
9	13	9	14	26	16		14	5	21	13	9	2
11		21		5				20				7
	18	5	9	21	23	11		18	21	15	16	9
4		11		15		21		21		5		5
26	25	22	9	16	10	14	26	16		21 A	10 P	3 T
25		19		13		9		16		20		11
1	20	3	11		18	5	21	13	19	25	11	

~~A~~ B C D E F G H I J K L M N O ~~P~~ Q R S ~~T~~ U V W X Y Z

1	2	3 T	4	5	6	7	8	9	10 P	11	12	13
14	15	16	17	18	19	20	21 A	22	23	24	25	26

Codeword grid:

5	10	9	9	24	9	3	■	■	1	■	12	■
■	17	■	21	■	18	■	4	18	20	15	10	19
8	10	15	22	9	19	■	18	■	9	■	4	■
■	15	■	■	17	18	1	15	18	12 **G**	21 **L**	9 **E**	■
26	21	15	25	■	10	■	9	■	1	■	21	■
6	■	■	6	18	4	6	18	■	4	26	9	19
3	9	21	21	■	18	■	3	■	9	■	■	6
■	7	■	9	■	12	10	9	9	1	4	18	12
7	17	15	3	23	■	■	21	■	23	■	15	■
■	4	■	■	■	10	15	14	■	■	■	1	■
■	18	■	12	■	9	■	■	25	21	15	4	1
18	9	25	6	1	4	3	22	■	6	■	11	■
15	■	■	19	■	22	■	15	■	15	16	9	3
12	17	21	8	■	5	15	3	9	19	■	■	4
■	3	■	15	■	17	■	3	■	3	13	4	18
5	15	26	1	9	10	4	15	■	■	■	18	■
■	5	■	23	■	3	■	26	23	6	13	9	10
3	21	9	9	11	9	■	10	■	■	19	■	25
■	9	■	10	■	■	10	9	2	9	26	1	3

A B C D ~~E~~ F ~~G~~ H I J K ~~L~~ M N O P Q R S T U V W X Y Z

1	2	3	4	5	6	7	8	9 **E**	10	11	12 **G**	13
14	15	16	17	18	19	20	21 **L**	22	23	24	25	26

22	25	16	18	22		5	2	22	26	16	18	22
17		26		12	16	2			22		13	
12		5		15		16	13	2	24	16	25	22
22		3	9	8	8	10			22		16	
10	13	11	4			15	22	16	9	13	26	5
11			23			13		7		12		22
	20		10	2	22	12	13	3		8		16
15	13	5	15		9			8	24	26	22	2
	11			8	14	14	16	9			23	
3	11	22	22	2				25	16	10	13	18
	22			13	23	7	6	22			5	
24	2	8	26	5			3		21	22	2	7
16		6		16	14	2	22	3	15		22	
13		1		23		16			16			3
14	8	8	11	13	26	5			21	13	12	21
	17		16			5	22	9	13	18		13
8	7	9	13	19	6	22		8		9		25
	8		26			18 D	16 A	7 B		22		25
11	24	13	11	12	15	4		22	16	2	9	4

A̸ B̸ C D̸ E F G H I J K L M N O P Q R S T U V W X Y Z

| 1 | 2 | 3 | 4 | 5 | 6 | 7 B | 8 | 9 | 10 | 11 | 12 | 13 |
| 14 | 15 | 16 A | 17 | 18 D | 19 | 20 | 21 | 22 | 23 | 24 | 25 | 26 |

Codeword grid:

5	4	23	20	■	25	■	13	■	22	5	20	19
■	5	■	22	5	3	9	24	8	8	■	16	■
7	3	8	8	■	14	■	23	■	6	8	5	22
■	20	■	5	■	4	2	10	■	8	■	26	■
16	1	2	3	21	20	■	5	21	3	14	26	20
■	2	■	■	3	8	6	3	14	■	■	8	■
14	21	6	■	8	■	14	■	26	■	5	3	8
3	■	5	25	20	16	14	26	12	8	12	■	11
10	8	23	■	8	■	19	■	8	■	24	20	8
5	■	23	15	26	18	■	14	3	5	23	■	16
26	8	8	■	6	■	12	■	14	■	5	7	6
17	■	20	21	5	16	8	20	24	2	6	■	14 **T O R**
5	26	6	■	25	■	7	■	20	■	8	5	3
■	8	■	■	23	14	15	5	23	■	■	22	■
4	8	12	10	8	12	■	20	15	26	6	5	18
■	12	■	23	■	14	5	19	■	5	■	20	■
5	23	20	14	■	24	■	2	■	13	5	20	6
■	8	■	13	8	3	5	26	12	5	■	8	■
2	12	23	8	■	20	■	10	■	23	24	12	14

A B C D E F G H I J K L M N Ø P Q R̸ S T̸ U V W X Y Z

1	2	3 **R**	4	5	6 **T**	7	8	9	10	11	12	13
14 **O**	15	16	17	18	19	20	21	22	23	24	25	26

6	14	1	20	1	■	25	2	2	16	17	20	1
17	■	24	■	17	■	5	■	25	■	23	■	21
1	24	17	20	20	8	20	■	5	17	12	12	10
21	■	20	■	15	■	■	21	■	20	■	20	
13	3	13	10	■	21	6 (H)	20	25	21	16	20	1
20	■	2	■	11	■	25 (A)	■	3	■	18	■	■
■	2	6	16	3	1	21 (T)	20	23	■	20	25	21
1	■	■	26	■	2	■	■	23	■	6		
25	22	3	23	26	■	6	14	13	1	21	20	16
16	■	23	■	13	■	■	3	■	20	■	14	
14	17	21	13	20	21	1	■	7	14	15	4	25
23	■	14	■	■	5	■	3	■	■	21		
26	20	13	■	2	14	16	14	23	20	16	1	■
■	20	■	16	■	25	■	26	■	20	■	21	
1	20	16	5	20	23	21	1	■	25	7	20	16
25	■	25	■	25	■	■	7	■	14	■	25	
13	14	9	20	1	■	1	6	3	16	4	20	15
7	■	13	■	20	■	14	■	20	■	20	■	20
14	15	10	1	1	20	10	■	19	3	1	20	16

~~A~~ B C D E F ~~G~~ ~~H~~ I J K L M N O P Q R S ~~T~~ U V W X Y Z

1	2	3	4	5	6	7	8	9	10	11	12	13
					H							

14	15	16	17	18	19	20	21	22	23	24	25	26
							T				**A**	

7	10	7	10	25	2	■	17	26	11	9	12	8
12	■	18	■	■	8	■	5	■	■	26	■	12
11	■	9	■	■	11	■	26	■	■	11	■	16
25	18	17	24	11	10	■	2	8	7	26	17	24
10	■	■	6	■	18	24	17	■	2	■	■	22
2	17	3	12	20	24	■	6	10	14	12	22	19
■	26	■	■	10	■	■	■	21	■	■	2	■
■	25	■	14	10	10	8	18	22	19	■	14	■
19	12	24	18	■	11	■	23	■	12	25	25	17
■	8	■	14	12	8	18	20	2	22	■	17	■
1	18	21	18	■	12	■	26	■	3	12	21	17
■	24	■	20	10	11	3	17	12	17	■	10	■
■	10	■	■	21	■	■	14	■	■	10	■	
16	11	19	18	23	9	■	17	26	20	1	22	12
22	■	■	11	■	19	12	23	■	2	■	■	15
26	3	1 K	12	12	3	■	12	4	3	18	11	12
1	■	18 I	■	■	17	■	12	■	■	23	■	23
12	■	23 N	■	■	26	■	13	■	■	20	■	22
17	10	8	18	26	14	■	12	18	9	6	24	19

A B C D E F G H ~~I~~ J ~~K~~ L M ~~N~~ O P Q R S T U V W X Y Z

1 K	2	3	4	5	6	7	8	9	10	11	12	13
14	15	16	17	18 I	19	20	21	22	23 N	24	25	26

	1	18	20	10	1		23	20	7	7	4	
	26		10		20		26		20		7	
4	10	1	7	26	14		10	20	1	1	7	26
	26		26		14	5	18		22		5	
1	21	20	12	12	6		25	18	12	18	21	15
	20			26				2			26	
	19	4	13	26	21		1	7 G	18 L	2 O	15	
18			21		4	20	7		5			20
11	18	21	4	6	15		4	21	12	20	15	12
11			23		22		8		19			19
26	16	5	4	12	26		20	10	21	5	15	22
21			14		21	4	10		18			6
	24	7	18	12	15		1	4	24	26	15	
	26			4				14			19	
11	21	20	26	10	14		19	18	4	3	26	15
	17		10		18	20	7		7		10	
16	5	4	21	12	15		20	21	20	15	26	15
	21		18		26		24		9		21	
	6	18	7	9	15		15	26	26	14	6	

A B C D E F G̸ H I J K L̸ M N Ø P Q R S T U V W X Y Z

1 G	2	3	4	5	6	7 L	8	9	10	11	12	13
14	15	16	17	18 O	19	20	21	22	23	24	25	26

Codeword grid:

```
        22 25 23  9  8 14  6
     5     22     22     20     3(H)
  17 20 19 19  9  6        21 26 26(O) 21
22    11     9     4 26  7     1(W)       6
24 26  2 21 25  6     3 26  5  5 26  1
 9    20     5       10    15          22
 8    25  8 15 22 25     24  9  4  4 15
20  4  6           20     9     20
 4       10 22  8  6  3 22  5  5  9 25
20    26    10     4     8     9     9
17 26  8 16  9 17  2  5  5 15       8
     22    21     8           22 20  8
26  7  5  9 25     14  2 16 18  6     20
16        9    26        3    18     16
 3  9 22  5  9 25     3 20 13 22 16 18
 9    12    22 25  6     7     21     6
   23  9  4  6    24 22 21 20 16  6
    6     9     8     26     9
   16  5 26 15 20 21  7
```

A B C D E F G H̷ I J K L M N Ø P Q R S T U V W̷ X Y Z

1	2	3	4	5	6	7	8	9	10	11	12	13
W		**H**										
14	15	16	17	18	19	20	21	22	23	24	25	26
												O

22	2	21	2	8	1		23	4	25	14	23	22
19		23		25		14		25		9		23
2	19	4		19	2	5	5	11		9	3	5
16		25	14	23		17		4	3	19		3
26	23	2		12	19	23	2	1		23	18	18
8		15				4				8		8
		11	15	23	19	26	15	23	8	8		
2		8		24		8		15		23		21
8	10	21	5	14	13		8	26	14	22	18	23
26				26				19				8
23	15	26	2	11	13		7	3	23	23	15	8
19		19		4		8		8		2		10
		2	13	2	5	2	8	26	23	19		
5		22				13				9		2
14	12	23		8	2	6	23	19		25	14	26
5		15	23	23		2		23	18	14		14
5	19	2		11	15	18	14	26		15	3	15
	B	R	A									
23		21		20		23		19		23		2
22	23	23	9	23	15		16	14	8	8	11	13

A ~~B~~ C D E F G H I J K L M N O P Q ~~R~~ S T U V W X Y Z

1	2	3	4	5	6	7	8	9	10	11	12	13
	A			B								
14	15	16	17	18	19	20	21	22	23	24	25	26
					R							

16	2	7	18	10	11		3	4	18	1	6	19
	20		10		2		25		10		8	
22	8	12	2		15	24	1	1	2	12	25	24
	3		7		12				5		10	
3	17	5	3	14	3		17	19	12	18	19	10
			14		12		3			8		
9	8	10	12		18	19	10		11	3	12	2
	10				19		13		17			
15	18	17	4	2	10		15	9	3	25	2	13
	12		10			14		26		7		
5	3	10	19	25	3	1	3		18	19	12	3
	25		21		23		5		2		19	
14	24	11	10	2	12		2	2	25(R)	18(E)	17(R)	24(I)

A B C D E̶ F G H I̶ J K L M N O P Q R̶ S T U V W X Y Z

1	2 E	3	4	5	6	7	8	9	10	11	12	13
14	15	16	17	18 I	19	20	21	22	23	24	25 R	26

	13		15	23	17	16	8	1	2			12	
12	1	18	17				17		22	18	25	19	
	21		19	1	4	25	12	19	1		7		
7	17	11	2		18		25		1		23		
	25		18		2		8	17	15	9	17	19	
	13		11 T	13	23	20		2		18		1	
2	1	6	25 I		6		8	25	11	13	23	16	
11			16 N		1			16		13		4	
18	19	25	4	22	11	25	16	4		18	9	11	
11		16			1		23			4		22	
1	13	13		11	13	18	16	2	15	23	2	1	
6		23		25			15		23			16	
1	5	18	19	11	2		18		13	23	26	2	
16		20		22		9	13	1	11		22		
11	18	2	11	1	20		1		13		1		
	10		22		25		25		18	10	1	13	
	23		25	20	1	18	19	19	24		3		
11	26	25	16		11				18	5	1	2	
	2		14	1	2	11	13	1	19		20		

A B C D E F G H ~~I~~ J K L M ~~N~~ O P Q R S ~~T~~ U V W X Y Z

1	2	3	4	5	6	7	8	9	10	11 T	12	13
14	15	16 N	17	18	19	20	21	22	23	24	25 I	26

Codeword grid:

15	■	19	■	15	■	5	15	10	■	4	■	■
1	23	16	15	26	26	23	■	7	1	1	19	2
14	■	16	■	19	■	7	■	12	■	2	■	19
19	15	4	19	4	■	4	7	22	18	15	6	24
12	■	■	2	■	■	1	■	19	■	1	■	18
4	3	7	15	18	18	■	4	15	25	15	2	12
6	■	4	■	15	■	7	■	■	12	■	■	26
■	16	19	10	10	15	2	■	15	2	23	6	15
26	■	18	■	10	■	10	■	20	■	24	■	1
23	11	19	■	15	2	19	22	15	■	1	12	19
22	■	4	■	2	■	22	■	18	■	12	■	4
26	15	4	19	13	■	26	2	19	15	6	9	■
19	■	■	6	■	■	9	■	15	■	15	■	15
24	19	22	7	2	9	■	24	4	15	18	6	4
1	■	23	■	15	■	15	■	■	22	■	■	26
12	22	17	23	8	19	4	■	26	9	26	18	19
23	■	12	■	12	■	4	■	14	■	7 (U)	■	22
22	19	26	8	4	■	19	21	19	2	(T)	19	13
■	19	■	14	15	4	■	25	■	4 (S)	■	4	

A B C D E F G H I J K L M N O P Q R ~~S~~ ~~T~~ ~~U~~ V W X Y Z

1	2	3	4	5	6	7	8	9	10	11	12	13
T			S			U						
14	15	16	17	18	19	20	21	22	23	24	25	26

8	22	21	5	23	13	16	13	■	14	1	6	2
16	■	2	■	13	■	23	■	■	■	23	■	14
11	17	23	21	24	6	22	4	■	15	6	5	1
23	■	22	■	13	■	9	■	15	■	10	■	6
2	23	22	24	■	9	17	6	2	9	14	14	22
26	2	3	■	■	■	14	■	19	■	■	■	6
■	6	■	13	■	9	2	8	4	■	23	13	13
13	23	5	6	12	23	■	■	1	■	5	■	21
8	■	■	4	■	16	23	12 (V)	14	■	13	■	14
15	6	23	22	21	14	■	6 (I)	22	7	19	2	22
15	■	18	■	19	26	14	13 (S)	■	5	■	■	21
6	■	23	■	13	■	■	23	2	19	8	13	14
21	8	2	■	9	14	23	13	■	11	■	17	■
6	■	■	■	8	■	25	■	■	■	7	19	7
14	22	19	2	1	19	8	13	■	23	5	9	19
22	■	15	■	14	■	23	■	13	■	14	■	2
9	8	15	9	■	26	2	8	22	24	23	2	26
5	■	23	■	■	6	■	23	■	23	■	2	■
3	14	5	5	■	9	23	20	16	23	3	14	2

A B C D E F G H ~~I~~ J K L M N O P Q ~~R~~ S T U ~~V~~ W X Y Z

1	2	3	4	5	6 I	7	8	9	10	11	12 V	13 S
14	15	16	17	18	19	20	21	22	23	24	25	26

14	8	9	20	3	19	19	1		4	8	15	18
19		11		23		14		7		21		3
14	12	24	1	4		7	8	9	15	12	3	9
12		13		12		15		12		12		2
1	15	12	26		18	12	23	21	19	4	4	24
		14		6		16		8				23
4	11 **H**	19 **E**	14 **M**	19	1		3	23	18	15	12	6
24				9		8		19		3		
7	15	3	14	5	19	9	1		8	6	8	9
7		14		24		14		10		26		8
15	12	5	19	15	24	8		19	7	12	22	16
19		9		1		17		9		9		12
17	24	8	15		14	8	9	25	1	14	19	23

A B C D E̸ F G H̸ I J K L M̸ N O P Q R S T U V W X Y Z

1	2	3	4	5	6	7	8	9	10	11 **H**	12	13
14 **M**	15	16	17	18	19 **E**	20	21	22	23	24	25	26

A B C D E F G̶ H I J K L M N̶ O P Q R S T U̶ V W X Y Z

1	2	3	4	5	6	7	8	9	10	11	12	13
14	15	16	17	18	19	20 N	21 G	22	23	24	25	26 U

15	16	13	12	18	■	3	20	26	19	26	3	25
26	■	26	■	17	■	2	■	19	■	19	■	17
9	■	9	16	19	4	12	■	12	18	25	12	8
12	■	12	■	4	■	19	■	3	■	26	■	19
6	12	8	6	17	26	15	■	1	17	7	9	12
6	■	■	11	■	■	3	12	17	■	26	■	3
17	1	23	16	26	18	■	■	2	17	18	25	3
■	25	■	19	■	11	5	8	17	■	■	■	12
17	16	3	18	12	8	12	■	7	16	6	2	3
■	1	■	■	10	■	12	■	9	■	■	8	■
3	5	26	8	18	■	2	9	24	20	11	11	15
26	■	■	■	8	11	3	12	■	25	■	13	■
6	11	1	25	17	■	■	4	8	17	22	12	3
16	■	17	■	13 (V)	26 (I)	17 (A)	■	■	8	■	■	18
9	17	8	13	17	■	4	8	16	21	21	9	24
17	■	26	■	4	■	8	■	19	■	17	■	9
18	26	7	26	17	■	12	10	18	11	9	■	26
12	■	11	■	19	■	12	■	26	■	3	■	3
15	11	16	7	18	12	15	■	12	14	12	1	18

A̶ B C D E F G H̶ I̶ J̶ K L M N O P Q R S T U̶ V̶ W X Y Z

| 1 | 2 | 3 | 4 | 5 | 6 | 7 | 8 | 9 | 10 | 11 | 12 | 13 **V** |
| 14 | 15 | 16 | 17 **A** | 18 | 19 | 20 | 21 | 22 | 23 | 24 | 25 | 26 **I** |

A codeword puzzle grid (numbers 1–26 substituting for letters):

	4	22	19	19	10	4	24	
20		14		22		22		4
24	16	24	24	22	22		25	22	12	23
9		15		17		13	22	14		10		14
16	14	12	22	18	5		19	2	10	13	2	12
26		17		2			5		19			2
9		26	16	18	10	9		25	16	15	26	7
19	25	10				10		22		16	
2			9	17	18	17	26	2	24	17	11	10
13		13		3		3		19		12		1
13	19	17	12	12	17	26	10	7	7			2
	12		22		10			5 **B**	22 **O**	16 **A**
18	16	18	5	22		9	19	16	18	16		12
22			22		16			14		19		17
5	2	12	3	10	9		7	14	17	19	17	24
7		10		19	22	5		12		16		25
	24	16	8	17		10	11	17	26	4	10
	23		4		24		10		23
	21	16	6	16	19	9	7

A̶ B̶ C D E F G H I J K L M N̶ O̶ P Q R S T U V W X Y Z

| 1 | 2 | 3 | 4 | 5 **B** | 6 | 7 | 8 | 9 | 10 | 11 | 12 | 13 |
| 14 | 15 | 16 **A** | 17 | 18 | 19 | 20 | 21 | 22 **O** | 23 | 24 | 25 | 26 |

10	20	17	17	6	21	7		7	10	20	24	6
	12		15		23		6		20		21	
13	20	1	3		4	3	7	8	15	13	6	4
	22		21		4		7		11		5	
26	6	21	13	11		1	15	9	6	15	23	25
			11		10		13		7		6	
6	10	11	15	3	21	7		7	10	15	11	24
	20		22		23		6		6			
26	21	6	4		4	3	19	3	4	6	21	7
	1				3		3				23	
8	3	1	21	15	9	6	4		4	23	4	7
			3		13		6		6		6	
7	9	15	10	16		3	22	7	24	3	21	6
	21		16		18		9		3			
14	20	23	7	9	6	4		7	10	23	4	7
	23		2		3		23		9		6	
6	22	11	15	21	1	6	7		3	21	3	7
	10		18		2		6			22		1
9	6	15	7	6		20	21	3	1	3	22	7
							R	I	G			

A B C D E F G̶ H I̶ J K L M N O P Q R̶ S T U V W X Y Z

1	2	3	4	5	6	7	8	9	10	11	12	13
G		I										

14	15	16	17	18	19	20	21	22	23	24	25	26
							R					

17	6	20	15	■	9	17	2	14	20	18	1	19
18	■	18	■	11	■	19	■	13	■	20	■	5
12	19	4	5	18	21	19	■	16	18	20	17	19
12	■	5	■	17	■	17	■	18	■	19	■	4
24	19	18	21	10	14	18	4	1	19	4	17	■
6	■	■	■	14	■	22	■	24	■	7	■	7
4	19	19	15	19	21	■	26	9	22	25	19	4
19	■	8	■	4 **R**	■	23	■	11	■	■	■	18
■	17	19	3	18 **A**	7	19	13	18	4	6	18	13
2	■	2	■	21 **D**	■	12	■	26	■	11	■	21
20	6	1	4	19	■	24	19	20	6	12	18	21
19	■	9	■	4	■	25	■	19	■	19	■	18
16	9	4	19	17	1	4	25	■	17	20	6	21

~~A~~ B C ~~D~~ E F G H I J K L M N O P ~~Q~~ ~~R~~ S T U V W X Y Z

1	2	3	4 **R**	5	6	7	8	9	10	11	12	13
14	15	16	17	18 **A**	19	20	21 **D**	22	23	24	25	26

9	22	7	1	6		20	23	2	20	6	3	19
22		26		5		17		26		26		10
12		19	5	23	12	5		3	13	22	8	3
25		2		18		5		12		13		26
7	26	1	5	22	8	12		20	1	3	21	19
3			16			3	23	22		23		2
12	3	14	19	5	26			16	22	11	3	3
	26		3		2	8	3	22				19
3	23	7	8	2	19	3		9	23	22	12	17
	5			18		9		1			3	
12	1	7	23	16		2	8	11	1	1	2	20
7				23 (R)	5 (O)	19 (T)	22		2		15	
9	23	22	13	5			18	2	1	8	3	10
24		23		13	2	3			22			22
3	1	22	19	3		12	16	2	20	2	26	4
20		9		18		16		26		26		4
19	10	2	26	3		2	18	22	4	3		1
3		20		26		3		16		16		3
8	23	22	21	19	3	8		19	5	19	3	12

A B C D E F G H I J K L M N Ø P Q Ø S Ø U V W X Y Z

1	2	3	4	5	6	7	8	9	10	11	12	13
				O								
14	15	16	17	18	19	20	21	22	23	24	25	26
					T				R			

15		11		2		5		15		14		10
8	5	16	2	9	24	4		5	12	17 O	7	24
5		15		4		26		20		16 N		4
18	11	2	2	17		9	17	5	19	24 E	4	15
24		4		16				4				24
	15	1	6	6	24	15	2	11	25	24	13	21
17		26				7				16		15
22	24	2	24	17	4	11	26	5	13	13	21	
11				4				2		5		20
2	4	1	16	18	13	24		4	1	4	5	13
2		16		24		5		11		6		5
24	13	18	24	4		15	3	1	24	24	23	21
18		17		15		21		22		15		15

A B C D E F G H I J K L M N O P Q R S T U V W X Y Z

1	2	3	4	5	6	7	8	9	10	11	12	13
14	15	16 N	17 O	18	19	20	21	22	23	24 E	25	26

20	5	20	5	13	■	11	8	6	10	10	7	■
5	■	23	■	8	■	5	■	26	■	18	■	3
16	6	4	■	18	16	19	15	6	25	18	15	2
5	■	18	■	20	■	2	■	14	■	13	■	18
13	6	2	3	6	8	■	20	18	2	24	18	22
6	■	■	■	9	■	18	■	■	■	18	■	■
10	18	22	2	5	9	2	■	9	6	2	9	18
■	■	23	■	2	■	9	■	3	■	■	■	6
10	23	19	2	■	12	3	5	13	14	18	16	2
3	■	20	■	21	■	6	■	14	■	4	■	18
19	8	6	17	5	18	15	2	■	24	23	26	8
8	■	■	■	8	■	5	■	4	■	13	■	■
18	1	6	8	9	■	18	6	15	2	24	23	9
■	■	11	■	■	■	2	■	23	■	■	■	23
11	5	11	9	24	2	■	2	4	23	14	18	16
8	■	18	■	6	■	6	■	23	■	18	■	5
6	13	13	23	8	6	22	18	2	■	10 B	6 A	19 G
7	■	9	■	25	■	22	■	18	■	6	■	24
■	6	2	2	18	9	2	■	22	18	10	3	9

~~A~~ ~~B~~ C D E F ~~G~~ H I J K L M N O P Q R S T U V W X Y Z

1	2	3	4	5	6 A	7	8	9	10 B	11	12	13
14	15	16	17	18	19 G	20	21	22	23	24	25	26

21	18	24	21	18	22	■	8	19	4	24	14	5
12	■	4	■	21	■	16	■	22	■	7	■	14
12	22	15	■	1	17	15	25	19	■	4	22	18
15	■	19	■	2	■	22	■	22	■	18	■	21
21	3	21	1	17	14	1	22	2	21	18	18	26
26	■	■	25	■	■	17	■	■	3	■	■	8
■	5	14	10	14	7	14	15	21	1	14	5	■
21	■	21	■	5	■	8	■	18	■	23	■	14
9	21	15	6	25	14	■	21	10	18	14	21	19
25	■	■	■	2	■	■	■	14	■	■	■	3
8	25	9 (B)	16	21	26	■	4	9	20	14	2	1
14	■	22 (I)	■	1	■	23	■	15	■	14	■	26
■	22	7 (N)	5	14	12	22	7	21	9	18	14	■
5	■	■	25	■	■	2	■	■	25	■	■	5
22	7	2	4	19	3	14	1	14	7	1	18	26
12	■	15	■	14	■	15	■	7	■	16	■	7
12	18	25	■	13	4	4	19	8	■	14	15	21
14	■	19	■	13	■	26	■	25	■	14	■	8
15	22	9	9	4	7	■	8	14	11	1	14	1

A B̸ C D E F G H I̸ J K L M N̸ O P Q R S T U V W X Y Z

1	2	3	4	5	6	7 N	8	9 B	10	11	12	13
14	15	16	17	18	19	20	21	22 I	23	24	25	26

9		3			15		14			13
20	4	14	1		15	19	20	3	10	8	7	18
2		16		9		18		22		20		3
2	17	10	12	10	8	7		14	6	21	10	2
10		18		11				16		1		17
14	8	13	9	20	8	24	14	16		14	25	14
1		17		13		20		14		20		1
24	25	14	20	26		1	14	16	20	24	14	1
	20			14		26				14		18
20	17	24	14	17	5		23	14	8	16	18	17
22		14				24		5			19	
18	17	20	24	18	17	1		14	17	18	16	14
		R	**A**	**T**								
17		1		2		20		2		21		8
10	3	2		2	14	17	1	10	1	24	14	16
7		18		18				14		3		18
10	17	18	8	1		1	21	13	13	18	21	17
8		8		10		20		14		16		1
20	17	1	18	8	10	1	24		13	14	16	14
19				7		9				16		16

A̶ B C D E F G H I J K L M N O P Q R̶ S̶ T̶ U V W X Y Z

1	2	3	4	5	6	7	8	9	10	11	12	13
14	15	16	17 **R**	18	19	20 **A**	21	22	23	24 **T**	25	26

20	8	25	11	21	6		12	24	17	13	25	15
24		10		15		21		8		25		7
8	22	5		9	22	8	14	11		17	7	7
26		15		15		17		16		16		17
26	17	22	17	19	8	18	16	12	17	24	24	23
23			19			15			9			7
	19	16	7	6	25	22	5	17	14	12 **C**	15	
17		12		15		7		10		17 **A**		1
11	24	15	17	10	7		15	10	5	22 **R**	23	8
17				26				8				16
2	15	7	26	15	22		15	14	1	8	23	7
15		26		22		2		16		9		6
	20	17	14	17	6	16	12	17	24	24	23	
9			16			7			8			7
21	17	24	24	25	12	16	14	17	6	8	22	23
15		16		14		5		16		2		14
15	24	3		16	19	24	15	7		15	17	6
4		15		8		15		24		22		17
15	17	7	16	14	11		2	15	22	6	15	18

A̶ B C̶ D E F G H I J K L M N O P Q R̶ S T U V W X Y Z

1	2	3	4	5	6	7	8	9	10	11	12 **C**	13
14	15	16	17 **A**	18	19	20	21	22 **R**	23	24	25	26

12	2	19	13	26	7		18	1	19	19	26	15
11		21		13		11		5		15		11
15	21	20		4	1	12	26	21		21	15	10
6		12	21	26		21		9	11	16		10
13	26	26		8	2	15	14	8		9	1	13
22		15				1			21		26
	1	9	4	26	9	24	21	15	8		
14		9		26		16		4		1		24
15	26	16	11	15	12		24	26	11	8	26	15
21				8				15				11
20	26	26	4	1	13		5	15	11	14	24	8
9		7		21		26		11		15		17
	17	1	9	12	15	11	9	5	26		
1		11			15				25		23
16	9	2		8	3	11	15	24		2	8	26
9		8	26	24		24		17	2	26		8
21	19	24		11	13	1	4	26		9 N	2 U	24 T
15		26		1		5		15		24		26
26	13	12	26	15	8		16	26	22	8	26	15

A B C D E F G H I J K L M N̸ O P Q R S T̸ U̸ V W X Y Z

1	2 U	3	4	5	6	7	8	9 N	10	11	12	13
14	15	16	17	18	19	20	21	22	23	24 T	25	26

4	9	10	22	23	7	6		16	5	9	1	16
	20		10		9		16		9		14	
6	14	22	9		15	10	21	24	4	14	10	16
	11		8		13		13		5		3	
15	13	9	26	16		22	9	7	13	9	10	12
			8		1		8		15		13	
14	2	2	14	16	13	16		16	15	9	7	16
	14		14		9		9		13			
16	15	10	21		8	9	2	24	26	24	7	6
	11				13		2				24	
19	9	21	1	14	8	13	13		8	14	26	16
			10		16		9		13		9	
5	15	13	8	11		7	8	9	18	13	15	16
	13		4		8		16		14			
13	7	23	24	5	9	15		17	15	24	13	16
	7		16		25		10		18		12	
5	10	16	23	24	14	4	16		24	5	13	16
	5		13		8		13		4		8	
15	13	9	16	13		17	8	24	22	23	7	16

A̸ B C̸ D E F G H I J K L̸ M N O P Q R S T U V W X Y Z

1	2	3	4	5	6	7	8	9	10	11	12	13
				C				A				

14	15	16	17	18	19	20	21	22	23	24	25	26
	L											

Codeword

26	5	8	13	11	■	25	11	3	3	20	7	9
7 (R)	■	19	■	16	■	5	■	7	■	18	■	23
11 (O)	■	25	19	1	5	7	■	20	22	16	10	20
12 (W)	■	14	■	14	■	6	■	20	■	5	■	5
9	12	20	20	4	19	20	■	2	20	4	20	7
20	■	■	4	■	■	9	20	5	■	20	■	14
9	19	1	14	20	10	■	■	9	20	10	1	20
■	2	■	20	■	11	16	15	11	■	■	■	5
2	5	7	7	19	20	9	■	8	11	2	5	10
■	1	■	■	8	■	16	■	7	■	■	10	■
4	20	23	20	20	■	5	8	21	26	11	10	21
7	■	■	■	9	11	24	20	■	7	■	24	■
5	10	2	19	4	■	■	12	5	19	6	20	9
8	■	16	■	19	4	9	■	■	8	■	■	19
9	20	10	16	2	■	5	12	5	17	19	8	1
5	■	10	■	5	■	23	■	24	■	10	■	8
25	24	19	2	26	■	23	7	11	22	21	■	19
4	■	20	■	24	■	20	■	■	11	■	24	3
9	23	7	5	21	20	10	■	3	16	24	24	21

A B C D E F G H I J K L M N̸ P Q R̸ S T U V W̸ X Y Z

1	2	3	4	5	6	7 R	8	9	10	11 O	12 W	13
14	15	16	17	18	19	20	21	22	23	24	25	26

18	2	23	3	16	21		19	3	1	22	21	17
21		2		2		4		11		21		11
7	3	14		20	7	24	21	17		4	1	7
17		24		21		14		21		1		1
3	25	26	2	16	13	2	7	15	1	4	23	5
17			1			15			3			17
	13	24	7	21	26	7	1	26	22	21	7	
18		16		1		5		1		8		12
21	6	11	24	7	5		1	20	9	21	7	21
25				8				21				16
3	25	18	21	24	23		24	25	13	24	7	16
21		1		14		7		10		23		5
	24	25	21	17	26	1	11	1	4	23	21	
12			23			3			7			17
24	25	21	13	13	21	26	15	3	1	23	23	5
14		6		21		2		25		24		7
14	25	3		8	2	3	23	20		13	23	3
										F	L	U
21		23		21		17		3		21		11
7	21	15	2	7	15		9	21	1	7	15	5

A B C D E̷ G H I J K L̷ M N O P Q R S T Ø̷ V W X Y Z

1	2	3	4	5	6	7	8	9	10	11	12	13
		U										F
14	15	16	17	18	19	20	21	22	23	24	25	26
									L			

	1		14 **B**		9		23		14		23
14	9	14	25 **L**	9	13	22	25		19	11	25	18
	16		9 **I**		2			18		4		8
20	22	19	24	3	15		25	9	4	22	16	5
	11		5				2		22		9
16	8	8	23		23	16	22	11	16	22	24	3
2			8		9		23		5
7	2	22	25	9	24	11		19	15	22	11	2
	16		5		2		14				25
20	8	9	15	3	15		25	8	9	3	2	16
	5				3		19		24		22
16	2	25	22	12		7	16	8	1	9	24	11
		9		15		16		2			22
15	2	13	16	2	3	25	18		24	9	14	15
	6		14		16				3		22
23	19	16	8	16	2		21	26	9	15	17	15
	9		16		22		22		8		2
15	3	19	24		10	22	16	9	24	2	16	15
	18		2		15		15		15		15

A B̸ C D E F G H̸ I J K L̸ M N O P Q R S T U V W X Y Z

1	2	3	4	5	6	7	8	9 **I**	10	11	12	13
14 **B**	15	16	17	18	19	20	21	22	23	24	25 **L**	26

16	2	4	18	16	11	10		6	11	19	4	10
25		25		19		13		2		12		1
5	10	17	18	24		19	4	17	16	10	24	10
8		18		12		7		9		5		
23	25	17	8	10	15	2	11		15	11	19	10
9				26		17		4		25		5
10	12	25	7	10	7		20	25 **A**	17 **S**	21 **P**	10	5
10		24		7		17		21				19
11	25	8	9		8	23	18	8	16	9	10	5
		18		15		25		18		10		11
10	24	3	2	18	5	26		17	10	18	22	10
11		2		24		10		14		5		17
1	24	10	25	7		7	10	17	18	17	8	17

A̸ B C D E F G H I J K L M N O̸ P̸ Q R S̸ T U V W X Y Z

1	2	3	4	5	6	7	8	9	10	11	12	13
14	15	16	17 **S**	18	19	20	21 **P**	22	23	24	25 **A**	26

8	21	14	9	20	22		13	7	24	23	11	24
4			13		23	22	9		7			9
5		19	21	23	23		20	24	3	9		11
9	16	9			15		20			2	11	11
7		11		10	21	11	11	6		1		9
20	9	23	9	7	8		9	8	15	4	9	20
		5		15		10		22		8		
25	22	24		3		22		2		4	2	8
2			22	6	8	5	2	15	4			4
16	2	9	26			8			7	16	9	5
9			9	13 M	10	5	9	6	6			22
20	21	17		7 A		7		4		9	19	19
		22		17 N		24		22		20		
13	9	8	5	2	15		22	22	18	2	17	1
22		7		15	4	2	15	3		8		21
6	2	5			7		15			22	7	23
12		24	7	26	17		21	6	9	5		23
21			10		15	21	10		5			7
9	7	5	8	4	24		24	7	5	5	22	26

A̶ B C D E F G H I J K L M̶ N̶ O P Q R S T U V W X Y Z

1	2	3	4	5	6	7 A	8	9	10	11	12	13 M
14	15	16	17 N	18	19	20	21	22	23	24	25	26

19		25				1		22			7
13	11	13	6		25	19	14	20	6	19	14	23
23		26		16		14		10		6		22
3	6	7	14	23	26	20		2	14	17	24	20
22		14		21				14		19		6
24	23	26	3	11	6	2	2	22		13	1	26
13		6		13		23		20		12		14
1	14	3	6	19		3	12	22	20	5	23	26
	19			6		10				6		17
9	6	22	20	6	3		20	19	23	3	6	22
14 **I**		18			11		6			23	
25 **C**	12	14	22	14	26	6		8	12	23	19	20
20 **T**		5		26		23		12		26		13
14	21	5		22	8	12	6	6	4	14	26	17
21		6		14				22		21		6
2	12	19	18	22		23	20	20	19	23	25	20
6		6		20		5		22		20		24
22	23	3	3	6	26	6	3		5	13	18	6
22				3		15				19		19

A B B̸ D E F G H H̸ J K L M N O P Q R S T̸ U V W X Y Z

| 1 | 2 | 3 | 4 | 5 | 6 | 7 | 8 | 9 | 10 | 11 | 12 | 13 |
| 14 **I** | 15 | 16 | 17 | 18 | 19 | 20 **T** | 21 | 22 | 23 | 24 | 25 **C** | 26 |

23	12	12	22	18	14	11	26		6	23	21	11
1		23		11			5		5			16
22		9		12	23	2	18	5	21	5	16	3
15	22	22	18	11			12		21			23
23		7		26		6	5	1	11			3
18	14	11	1	11	22		2		18	23	1	5
		1			17	20	7	24		20		16
17	20	25	11	1	18		5		18	16 (N)	23 (A)	3 (G)
11			15		14	20	16			14		
7	5	19	20	22	1		23	17	23	18	11	26
		20			11	23	1		7			20
10	11	23	24		2		5	16	17	1	11	26
5		26		6	11	14	23			11		
18	23	18	13		1		16	23	2	2	11	26
11			22	17	22	11		16		1		11
23			23		20			16	23	5	8	11
12	22	1	1	22	18	5	8	11		18		2
1			26		7			4		23		11
11	24	11	18		25	22	26	11	7	7	11	1

A̸ B C D E F G̸ H I J K L M N̸ O P Q R S T U V W X Y Z

1	2	3 (G)	4	5	6	7	8	9	10	11	12	13
14	15	16 (N)	17	18	19	20	21	22	23 (A)	24	25	26

5	22	1	26	14	10		26	5	4	26	17	1
26		21		7		26		7		22		4
24	7	13		6	11	5	1	22		10	25	5
9		26	15	6		25		2	25	25		25
25	3	24		12	25	11	6	20		24	1	3
10		10				24			7			10
	7	24	11	24	16	26	6	1	10			
26		8		24		10		20		6		16
19	1	1	14	4	12		1	22	26	10	1	22
13				7				25				26
4	11	13	7	24	10		23	11	1	26	10	12
12		7		1		10		18		24		10
	22	26	16	7	2	2	20	7	25			
26		25			22			24				10
15	4	11		15	4	11	15	15		12	26	14
15		1	19	11		24		22**R**	11**U**	19**M**		26
25	11	6		19	25	2	20	26		25	13	6
22		6		1		20		19		11		1
16	22	1	10	10	12		10	1	24	10	25	22

A B C D E F G H I J K L ~~M~~ N O P Q ~~R~~ S T ~~U~~ V W X Y Z

| 1 | 2 | 3 | 4 | 5 | 6 | 7 | 8 | 9 | 10 | 11 **U** | 12 | 13 |
| 14 | 15 | 16 | 17 | 18 | 19 **M** | 20 | 21 | 22 **R** | 23 | 24 | 25 | 26 |

	15			14	7	23	7	14			21	
9	7	11	11	6		10		7	11	2	17	15
	18		2	6	9	9	7	15	12		11	
16	6	16	6			19			17	22	15	1
	9		12		3	7	2		3		7	
11	10	15	10	23	10		3	7	19	19	9	10
17		6		11	5	10			6		26	
13	17	14	9	10	19		6	5	19	20	17	19
22		2			3		3			22		10
7	17	9		1	7	22	23	16		11	5	22
9		17			17		7			15		5
9	10	7	25	10	22		17	13	5	7	22	7
10		22		17	6(O)	22			2		19	
3	10	19	7	17(I)	22(N)		10	21	21	10	19	10
	8		24		13	7	23		7		3	
19	5	24	7			17		4	6	6	14	
	17		11	5	24	11	5	14	10		5	
6	19	1	10	3		9		7	23	6	2	19
	16			22	10	10	23	16			10	

A B C D E F G H̸ I̸ J K L M N̸ Ø̸ P Q R S T U V W X Y Z

1	2	3	4	5	6	7	8	9	10	11	12	13
					O							

14	15	16	17	18	19	20	21	22	23	24	25	26
			I					N				

3	1	15	3		11		25		11	14	3	12
	24		7 **C**	15	13	13	24	10	13		8	
25	22	14	13 **R**		5		1		15	26	24	3
	22		15 **A**		12	24	10		20		17	
7	15	12	11	14	12		17	13	10	15	17	3
	11			4	5	5	3	10			10	
23	10	10		21		1		3		5	17	17
22		7	16	15	13	15	7	12	10	13		10
10	10	22		12		22		23		15	24	2
10		24	12	7	16		6	14	24	12		5
7	15	1		16		9		22		5	14	12
10		3	12	15	12	24	5	4	10	13		10
3	14	10		25		3		10		18	10	3
	4		22	5	15	4	3			26		
21	15	3	12	10	13		10	3	7	15	1	10
	21		14		24	2	1		16		22	
19	15	2	25		10		16		5	25	5	10
	13		25	14	4	8	10	13	3		17	
3	10	26	18		12		21		10	9	10	4

~~A~~ B ~~C~~ D E F G H I J K L M N O P ~~Q~~ ~~R~~ S T U V W X Y Z

1	2	3	4	5	6	7 **C**	8	9	10	11	12	13 **R**
14	15 **A**	16	17	18	19	20	21	22	23	24	25	26

22 W	5 A	14 N	18	12	■	8	4	11	11	5	22	19
7	■	18	■	5	25	2	■	■	16	■	5	■
18	■	24	■	4	■	18	15	26	5	2	3	19
16	■	4	15	26	2	5	■	■	25	■	18	■
21	18	19	10	■	■	19	13	5	16	25	14	8
19	■	■	6	■	■	18	■	4	■	2	■	25
■	20	■	18	2	10	12	18	12	■	3	■	11
3	25	14	12	■	26	■	■	25	14	19	18	9
■	9	■	■	26	25	8	7	9	■	■	17	■
13	7	25	14	5	■	■	■	18	14	19	4	18
■	18	■	■	19	13	10	16	12	■	■	5	■
13	2	18	5	15	■	■	18	■	23	25	16	9
5	■	16	■	5	22	7	25	16	18	■	19	■
2	■	19	■	9	■	10	■	■	2	■	■	19
18	6	18	14	25	14	8	■	■	3	18	21	9
■	25	■	5	■	■	8	2	18	1	19	■	4
9	19	4	14	5	15	25	■	5	■	■	19	21
■	10	■	14	■	■	14	10	2	■	5	■	10
11	2	5	1	25	14	8	■	16	5	1	18	2

~~A~~ B C D E F G H I J K L M ~~N~~ O P Q R S T U V ~~W~~ X Y Z

1	2	3	4	5 A	6	7	8	9	10	11	12	13
14 N	15	16	17	18	19	20	21	22 W	23	24	25	26

1	15	24	4	21	24	6	15	■	12	15	4	22
24	■	21	■	24	■	15	■	■	5	■	8	
8	10	24	22	4	15	25	22	■	6	3	22	24
17	■	17	■	4	■	25	■	9	■	14	■	4
15	21	15	25	■	11	7	3	15	4	15	22	4
26	3	16	■	■	■	8	■	24	■	■	■	15
■	22	■	24	■	19	24	21	14	■	19	24	25
2	1	10	19	3	24	■	■	10	■	7	■	19
15	■	■	14	■	22	3	14	4	■	22	■	25
25	15	2	15	24	4	■	24	22	4	1	18	24
23	■	14	■	25	15	3	16	■	7	■	■	3
3	■	7	■	25	■	■	8	24	25	19	10	16
26	10	13	■	24	8	25	15	■	23	■	24	■
3	■	■	■	20	■	15	■	■	■	24	22	1
10	26	26	18	15	16	4	22	■	24	16	4	3
7	■	25	■	26	■	7	■	2	■	17	■	26
22	17 **K**	15 **E**	21 **W**	■	4	25	10	7	19	14	15	26
14	■	24	■	■	■	16	■	18	■	15	■	15
20	24	18	22	■	24	22	22	24	22	22	3	16

A B C D E̸ F G H I J K̸ L M N O P Q R S T U V W̸ X Y Z

1	2	3	4	5	6	7	8	9	10	11	12	13

14	15 **E**	16	17 **K**	18	19	20	21 **W**	22	23	24	25	26

26	3	10	17	3	15		4	15	22	9	5	8
3			3		20	24	2		10			9
18		24	21	25	10		21	2	5	16		15
3	16	4			17		3		3	21 **N**	18 **K**
21		2		10	17	9	8	4		6		2
3	21	14	9	13	19		2	16	15	20	2	25
	24		2		4		10		16			
26	2	8		21		10		3		4	17	9
2			9	4	18	9	21	15	2			4
9	7	10	5			17			6	9	5	18
15			8	24	13	26	9	6	10			2
20	9	4		21		10		24		12	9	5
	23		13		1		9		3			
15	22	24	25	2	22		16	22	3	7	2	16
10		9		16	9	1	2	25		3		24
20	10	26			11		13			21	3	1
10		4	9	22	3		17	9	21	6		2
22			6		21	3	8		3			25
16	20	22	10	21	6		2	13	26	22	19	10

A B C D E F G H I̶ J K̶ L M N̶ O P Q R S T U V W X Y Z

| 1 | 2 | 3 **I** | 4 | 5 | 6 | 7 | 8 | 9 | 10 | 11 | 12 | 13 |
| 14 | 15 | 16 | 17 | 18 **K** | 19 | 20 | 21 **N** | 22 | 23 | 24 | 25 | 26 |

14	15	10	25	17	20	7	16	■	3	17	5	8
15	■	15	■	21	■	■	7	■	7	■	■	6
22	■	13	■	17	14	14	22	8	2	2	8	8
2	9	8	1	1	■	■	16	■	4	■	■	16
17	■	22	■	8	■	10	12	22	12	■	■	12
1	7	24	8	17	22	■	25	■	8	17	2	20
■	■	15	■	■	8	17	2	19	■	25	■	15
3	12	22	1	17	18	■	18	■	23	17	7	22
7	■	■	8	■	22	19	8	■	■	2	■	■
24	8	2	20	1	8	■	16	15	2	2	8	20
■	■	9	■	■	2	7	20	■	17	■	■	15
26	15	15	14	■	8	■	7	25	18	17	1	8
12	■	22	■	15	24	20	15	■	■	25	■	■
25	8	24	14	■	20	■	24	7	25	3	12	2
7	■	■	8	6	17	25	■	24	■	7	■	20
10	■	■	11	■	20	■	■	20 **T**	8	8	24	19
17	1	1	8	13	7	17	20	8 **E**	■	24	■	1
20	■	■	16	■	15	■	■	24 **N**	■	16	■	12
8	14	7	20	■	24	8	8	14	1	8	2	2

A B C D E̶ F G H I J K L M N̶ O P Q R S T̶ U V W X Y Z

1	2	3	4	5	6	7	8 **E**	9	10	11	12	13
14	15	16	17	18	19	20 **T**	21	22	23	24 **N**	25	26

	23		7		9		7		15		25	
2	11	14	13	3	8	9	26		22	12	11	26
	10		22		24		12		14		2	
22	12	9	14	7	26		19	11	10	13	18	9
	9		3				7		9		9	
13	14	7	17		12	22	18	7	14	3	2	4
11			3		7		2		18			
26	19	3	8 (N)	17	18	9		19	4	10	8	26
	11		7 (A)		9		7				3	
7	8	17	18 (L)	9	26		21	3	25	1	9	14
	25				2		7		22		25	
25	19	7	15	9		26	1	3	8	8	9	24
			14		3		9		2			3
21	7	2	9	14	10	7	8		9	4	9	24
	5		20		12				8		6	
23	7	17	11	7	14		10	3	24	24	7	4
	18		9		9		22		9		25	
16	9	3	8		26	9	16	9	14	3	2	4
	7		2		26		9		26		26	

~~A~~ B C D E F G H I J K ~~L~~ M ~~N~~ O P Q R S T U V W X Y Z

1	2	3	4	5	6	7	8	9	10	11	12	13
						A	N					

14	15	16	17	18	19	20	21	22	23	24	25	26
				L								

C1	C2	C3	C4	C5	C6	C7	C8	C9	C10	C11	C12	C13
8 (L)	■	9	■	■	11	■	23	■	■	26	■	■
21 (O)	25	10	7	■	22	21	16	24	2	3	21	7
11 (Z)	■	26	■	26	■	16	■	7	■	8	■	13
24	14	3	10	19	7	24	■	7	10	19	13	19
16	■	13	■	8	■	■	■	10	■	10	■	10
15	13	21	4	24	13	10	24	26	■	16	19	15
24	■	12	■	26	■	7	■	21	■	7	■	22
26	7	24	19	25	■	4	21	16	12	10	4	7
■	21	■	24	■	22	■	■	■	■	1	■	24
1	24	10	15	16	26	■	3	18	1	1	10	16
8	■	25	■	■	20	■	16	■	■	8	■	■
19	3	3	19	13	24	8	■	4	21	4	17	26
15	■	19	■	24	■	18	■	21	■	21	■	10
26	19	7	■	4	22	24	5	18	24	13	24	9
7	■	10	■	24	■	■	■	3	■	13	■	24
21	12	24	13	26	■	3	10	8	8	21	6	26
16	■	16	■	26	■	8	■	24	■	9	■	22
24	14	7	13	24	25	24	26	■	11	24	13	21
26	■	■	■	26	■	19	■	■	■	26	■	6

A B C D E F G H I J K L̶ M N Ø P Q R S T U V W X Y Z̶

1	2	3	4	5	6	7	8	9	10	11	12	13
							L			Z		

14	15	16	17	18	19	20	21	22	23	24	25	26
							O					

5	1	16	10	26	13	21	24		26	6	2	21
12		10		1			12		10			16
18		13		2	10	4	16	21	23	21	6	5
26	3	11	21	15			26		6			6
6		20		12		12	22	10	25			7
26	24	21	25	25	10		21		1	6	13	21
		26			4	12	20	1		14		16
15	11	2	15	10	4		10		15	6	20	4
11			20		20	11	13			24		
26	13	20	10	13	10		12	20	10	13	6	26 **S**
		6			16	12	20		5			10 **A**
26	12	10	8		5		21	20	12	16	21	24 **C**
10		25		17	21	26	10			10		
24	12	2	6		26		25	10	21	20	5	26
8			20	6	6	23		2		24		9
10			10		2			22	20	21	19	6
15	20	10	26	26	6	20	21	6		26		25
25			6		16			20		26		17
6	18	6	26		13	6	25	6	17	21	26	6

~~A~~ B ~~C~~ D E F G H I J K L M N O P Q R ~~S~~ T U V W X Y Z

1	2	3	4	5	6	7	8	9	10 **A**	11	12	13
14	15	16	17	18	19	20	21	22	23	24 **C**	25	26 **S**

		12	5	9	21	23	6	25	1	23	
	22		6 A		12		13		19		23
15	21	23	12 T	9	13		17	9	23	19	25	24
	6		15 C		9				23		21	
20	19	12	5		23	5	6	4	19	25	24	23
	25		7		12		25		17			
23	12	14	6	16		5	6	2	6	14	1	23
			15		6		11		12		14	
13	6	14	10	18	1	11	16		18	3	6	13
	20				8		23				17	
11	9	15	9		9	4	18	14	26	18	18	1
	10		14		19		23		6			
20	18	1	24	19	25	24		23	25	6	10	18
			6		18		6		12		11	
24	14	18	25	6	1	18	23		6	24	6	14
	18		19				12		23		3	
5	6	23	23	11	18		5	9	12	17	9	12
	13		13		13		13		19		25	
		6	23	23	21	14	6	25	15	18		

A B C D E F G H I J K L M N O P Q R S T U V W X Y Z

| 1 | 2 | 3 | 4 | 5 | 6 A | 7 | 8 | 9 | 10 | 11 | 12 T | 13 |
| 14 | 15 C | 16 | 17 | 18 | 19 | 20 | 21 | 22 | 23 | 24 | 25 | 26 |

Codeword grid (13 columns × 13 rows):

25	15	1	3	7	22	5	■	17	12	1	8	8
2	■	21	■	22	■	9	■	12	■	3	■	12
4	21	8	20	8	■	8 S	12	21	4	20	15	6
19	■	1	■	1	■	12 H	■	20	■	9	■	■
21	18	8	2	4	18	1 E	11	■	8	22	21	20
13	■	■	■	13	■	11	■	23	■	5	■	15
7	19	21	5	1	8	■	18	9	4	1	21	9
26	■	11	■	11	■	8	■	26	■	■	■	22
1	22	26	6	■	8	16	9	1	1	14	1	11
■	■	21	■	23	■	9	■	22	■	2	■	1
18	21	22	11	21	22	21	■	7	22	22	1	4
7	■	17	■	17	■	10	■	15	■	1	■	1
18	15	1	21	24	■	24	22	1	21	11	1	11

A B C D E̷ F G H̷ I J K L M N O P Q R S̷ T U V W X Y Z

| 1 E | 2 | 3 | 4 | 5 | 6 | 7 | 8 S | 9 | 10 | 11 | 12 H | 13 |
| 14 | 15 | 16 | 17 | 18 | 19 | 20 | 21 | 22 | 23 | 24 | 25 | 26 |

10	23	10	8	11		6	11	2	22	11	24	24
16		2		12		21		22		15		6
22		24	17	10	22	23		2	23	10	16	21
21		7		7		2		9		24		22
3	18	11	10	14	11	18		11	12	2	24	14
18			23			16	10	24		21		13
9	11	19	11	4	14			4	21	18	16	10
	22		18		11	10	24	11				7
17	2	7	9	4	10	14		18	10	15	10	7
	4			21		14		4			18	
4	10	20	10	7		10	18	11	23	21	18	11
22				7	1	22	11		21		3	
21	22	10	14	11			14	2	26	26	7	11
25		4		4	21	14			11			10
3	18	4 C	3 U	14 T		6	3	22	9	7	11	22
11		21		10		17		11		11		23
14	6	3	23	20		10	7	26	6	10		10
14		18		7		22		21		15		22
11	18	14	22	11	10	14		14	17	11	10	5

A B ~~C~~ D E F G H I J K L M N O P Q R ~~S~~ ~~T~~ ~~U~~ V W X Y Z

| 1 | 2 | 3 U | 4 C | 5 | 6 | 7 | 8 | 9 | 10 | 11 | 12 | 13 |
| 14 T | 15 | 16 | 17 | 18 | 19 | 20 | 21 | 22 | 23 | 24 | 25 | 26 |

Codeword grid:

13	11	8	7	■	6	4 **T**	22	7	■	25	10	11
10	■	3	■	11	■	3 **I**	■	14	■	2	■	16
19	10	6	7	25	2	1 **D**	2	13	5	11		16
17	■	3	■	19	■	22	■	1	■	20	■	19
11	19	4	21	2	26	■	19	7	4	3	13	11
26	■	■	■	16	■	12	■	■	■	13	■	3
3	13	7	16	4	■	11	26	26	7	9	7	6
6	■	19	■	■	■	3	■	7	■	■	■	7
7	22	7	25	11	26	26	■	11	18	11	19	1
■	■	5	■	13	■	15	■	8	■	3	■	■
7	11	4	7	13	■	10	8	7	19	1	3	1
24	■	■	■	2	■	2	■	■	■	7	■	3
2	13	25	10	26	4	6	■	3	6	6	2	7
7	■	2	■	■	■	7	■	4	■	■	■	4
19	7	21	26	7	14	■	6	11	26	11	17	3
19	■	21	■	11	■	2	■	26	■	23	■	5
3	19	10	13	6	■	6	4	3	17	2	26	3
7	■	10	■	7	■	7	■	5	■	19	■	11
6	3	13	■	6	16	19	22	■	21	7	19	13

A B C Ð E F G H̸ I̸ J K L M N O P Q R S T̸ U V W X Y Z

1 **D**	2	3 **I**	4 **T**	5	6	7	8	9	10	11	12	13
14	15	16	17	18	19	20	21	22	23	24	25	26

14	7	7	15	16	13	22			14		5	
	14		6		26		7	14	24	24	23	15
23	5	16	15	25	15		15		1		12	
	15				14	18	14	26	5	23	12	20
6	1	26	5		22		22		23		1	
15			14	24	17	22	15		12	15	6	13
13	14	10	23		26		18		14			17
	16		11		15	8	15	7	13	23	12	20
22	16	23	15	22			22		15		1	
	15				24	17	22				13	
	14		22		14			22	3	17	23	25
14 A	26	1	5	14	13	23	7		17		1	
26 R			1		4		1		23	1	12	22
5 M	15	12	17		26	14	26	15	26			1
	10		18		1		25		19	23	12	25
6	23	18	25	2	1	6	18				23	
	18		15		5		15	12	9	23	15	25
21	15	14	26	12	22		22		23		7	
	22		22			14	22	4	14	5	15	25

A̸ B C D E F G H I J K L M̸ N O P Q R̸ S T U V W X Y Z

1	2	3	4	5 M	6	7	8	9	10	11	12	13
14 A	15	16	17	18	19	20	21	22	23	24	25	26 R

	23		21	4	20	1	18	16	6		23	
24	1	2	1				7		21	1	3	18
	4		24	7	26	20	12	10	20		14	
14	7	21	24 **L**		7		3		20		7	
	11		7 **O**		7		15	19	9	22	19	24
	19		21 **W**	7	25	20		12		4		3
6	20	17	3		20		3	18	6	20	24	22
19			12		20			3		20		20
23	1	4	10	20	9	7	24	20		6	1	10
6		3			20		1			3		19
15	7	6		10	4	1	12	5	17	1	17	1
4		7		3			5		20			4
3	12	18	20	4	6		6		18	16	19	5
9		18		18		22	24	20	1		12	
18	4	7	9	16	8		3		24		15	
	20		3		1		5		21	16	3	17
	24		18	7	4	9	20	5	7		2	
23	1	18	16		5				4	19	3	12
	13		8	1	6	16	17	1	25		24	

A B C D E F G H I J K L̸ M N Ø P Q R S T U V W̸ X Y Z

1	2	3	4	5	6	7 **O**	8	9	10	11	12	13
14	15	16	17	18	19	20	21 **W**	22	23	24 **L**	25	26

24	18	21	7	12	20		5	20	1	13	3	21
2		11		7		20 **S**		7		9		12
7	12	5		6	9	16 **U**	20	8		17	14	22
10		21	24	9		22 **B**		21	18	10		18
8	14	13		2	9	16	17	15		21	4	21
20		8			2				20		12	
	14	17	13	16	22	7	8	21	20			
7		17		9		20		9		21		7
4	7	24	9	17	20		20	5	7	20	12	20
7				19			20					20
2	16	21	10	16	18		13	9	1	9	8	21
15		17		21		3		14		2		20
	8	7	2	5	7	16	18	14	17			
6		2			16			7		22		
21	12	16		2	21	18	14	13		12	7	2
2		20	16	21		7		9	4	21		21
26	14	8		25	21	24	7	17		17	21	21
21		21		16		21		13		8		23
15	9	15	24	21	20		4	3	14	20	26	1

A B̷ C D E F G H I J K L M N O P Q R̷ S T̷ U̷ V W X Y Z

1	2	3	4	5	6	7	8	9	10	11	12	13
14	15	16 **U**	17	18	19	20 **S**	21	22 **B**	23	24	25	26

18	17	5	13	15	12	20		8	14	21	12	3
11		26		17		12		12		14		22
6	3	14	8	9		5	26	14	15	17	5	12
15		17		2		14		13		3		
17	9	9	11	12	9	20	19		25	12	14	7
25				3		12		5		25		14
26	22	6	3	17	20		24	19	3	4	12	23
12		3		12		5		9				17
3	19	11	4		7	14	3	16	19	3 R	14 A	7 M
		25		16		7		11		14		17
12	25	1	11	17	3	12		2	14	10	12	25
8		11		15		3		14		19		12
12	24	12	9	4		14	15	15	11	3	12	20

A B̶ C D E F G H I J K L̶ M N O P Q R̶ S T U V W X Y Z

| 1 | 2 | 3 R | 4 | 5 | 6 | 7 M | 8 | 9 | 10 | 11 | 12 | 13 |
| 14 A | 15 | 16 | 17 | 18 | 19 | 20 | 21 | 22 | 23 | 24 | 25 | 26 |

23	8	24	24	6		20	17	16	26	13	14	20
13		20		8		17		2		4		23
24		22	26	20	13	1		23	13	25	18	20
12		20		17		25		23		1		24
19	17	26	20	13	24	17		2	21	25	17	3
25			3			3	19	17		17		20
5	2	19	24 (R)	16	20			22	13	3	13	17
	22		20 (E)		3	19	26	26				16
7	20	5	15 (T)	2	2	17		13	1	13	3	20
	24			14		26		16			26	
7	13	4	26	20		20	9	20	16	15	2	24
20				24	2	15	13		13		4	
13	26	22	6	13			3	19	25	1	20	1
15		13		17	19	4			24			20
6	20	26	25	10		20	14	20	17	25	17	3
20		20		25		6		26		23		24
24	20	15	24	2		20	24	25	16	13		13
20		15		19		13		15		3		1
1	24	20	5	5	20	1		20	14	2	11	20

A B C D E̶ F G H I J̶ K L M N O P Q̶ S̶ T̶ U V W X Y Z

1	2	3	4	5	6	7	8	9	10	11	12	13
14	15	16	17	18	19	20	21	22	23	24	25	26
	T					E				R		

Codeword puzzle grid (13 columns):

14	15	19	14	1	4	■	24	14	6	1	14	19
18	■	14	■	9	■	19	■	15	■	10	■	7
12	7	4	■	23	18	16	4	14	■	21	16	18
7	■	14	6	10	■	1	■	20	7	7	■	7
3	14	18	■	4 (T)	10 (A)	20 (C)	16	4	■	4	10	6
1	■	4	■			10				10	■	1
■		16	18	2	14	6	6	16	18	17		■
7	■	7	■	16	■	19	■	8	■	14	■	10
21	10	18	16	1	25	■	1	11	10	1	8	1
7	■			25				10			■	16
14	26	4	14	18	19	■	4	6	10	20	14	19
1	■	6	■	14	■	1	■	4	■	10	■	14
■		10	20	4	6	14	1	1	14	1		■
17	■	8	■			14				14	■	2
3	10	11	■	25	7	11	14	19	■	8	10	6
11	■	15	7	7	■	10	■	5	7	14	■	7
1	22	16	■	24	10	17	23	14	■	18	7	5
23	■	18	■	14	■	14	■	15	■	4	■	13
8	7	17	23	15	1	■	2	15	10	1	25	3

A̶ B C̶ D E F G H I J K L M N O P Q R S T̶ U V W X Y Z

1	2	3	4 T	5	6	7	8	9	10 A	11	12	13
14	15	16	17	18	19	20 C	21	22	23	24	25	26

7	25	18	17	10	■	10	11	1	10	9	8	■
15	■	15	■	11	■	18	■	5	■	25	■	10
2	15	23	■	9	10	8	5	6	25	10	15	2
24	■	22	■	25	■	12	■	14	■	23	■	22
6	15	8	14	22	8	■	4	13	22	7	21	8
6	■	■	■	1	■	22	■	■	■	10	■	■
8	6	18	23	22	10	12	■	24	18	12	22	13
■	■	25	■	8	■	6	■	6	■	■	■	18
1(C)	25(L)	22(I)	9	■	18	2	24	15	12	21	10	12
15	■	7	■	20	■	10	■	8	■	6	■	8
24	18	13	3	15	10	8	12	■	12	8	18	19
10	■	■	■	7	■	5	■	8	■	10	■	■
23	15	1	4	12	■	22	13	21	18	25	10	23
■	■	6	■	■	■	1	■	22	■	■	■	22
14	22	13	8	5	19	■	12	1	5	22	9	8
22	■	16	■	15	■	18	■	4	■	13	■	21
12	21	6	10	25	18	1	10	12	■	26	6	10
10	■	19	■	10	■	10	■	10	■	10	■	5
■	18	12	22	23	10	12	■	8	18	5	23	19

A B C̶ D E F G H J̶ K L̶ M N O P Q R S T U V W X Y Z

1	2	3	4	5	6	7	8	9	10	11	12	13
C												

14	15	16	17	18	19	20	21	22	23	24	25	26
								I			L	

11	4	22	22	15	1		12	20	23	2	14	8
15		18		18	3	15		18				15
14		13	18	23	14		11	15	10	21		14
23	2	12			18		11			15	15	14
15		23		19	4	14	14	13		21		15
9	26	19	21	18	20		15	21	19	7	15	1
		15		8		23		18		15		
3	15	1		12		10		23		20	26	21
7			13	4	11	17	15	19	21			15
26	14	16	26			4			18	25	26	14
20			12	4	15	20	23	14	15			15
9	15	3		20		15		4		13	23	24
		23		16		13		19		7		
1	26	10	19	15	1		18	20	11	23	21	13
20		5		1	20	23	25	15		9		23
26	24	15			4		15			21	26	10
9		1	15	26	1		20	4	11	8		10
21			20		16 (G)	15 (E)	14 (L)		18			15
13	6	4	26	20	15		8	26	3	10	15	1

A B C D E̸ F G̸ H I J K L̸ M N O P Q R S T U V W X Y Z

1	2	3	4	5	6	7	8	9	10	11	12	13
14	15	16	17	18	19	20	21	22	23	24	25	26
L	E	G										

135

23	16	14	5	11	14		1	25	2	7	9	4
15		4			4		2			16		9
11		16			9		21			20		1
25	11	23	19	16	6		13	1	15	16	4	10
13			16		23	13	11		11			16
14	16	22	2	3	15		10	2	6	2	6	24
	18			11			16			13		
	18		23	9	1	25	2	6	11		7	
5	15	11	22		13		7		5	11	11	19
	9		6	9	25	25	9	8	11		25	
9	6	8	2		24		7		25	13	2	6
	10		23	25 (R)	11	9	3	11	3		23	
	11			9 (A)				25			9	
9	10	10	2	6 (N)	24		5	9	18	18	4	11
5			8		16	14	2		11			4
15	22	3	3	16	1		4	2	17	9	25	10
2		11			15		8			10		11
4		7			11		11			17		3
11	4	2	12	2	25		10	2	26	11	25	8

A̶ B C D E F G H I J K L M N̶ O P Q R̶ S T U V W X Y Z

1	2	3	4	5	6 N	7	8	9 A	10	11	12	13
14	15	16	17	18	19	20	21	22	23	24	25 R	26

140

24		25		17		3	7	7		20		
19	13	5	17	3	12	19		5	23	23	3	12
19		1		12		19		14		16		24
20	23	5	18	10		24	2	2	14	5	23	8
6			14			10		19		2		3
3	12	20	2	8	19		13	10	19	19	14	2
19		19		14		12			2			24
	18	20	8	20	12	3		8	24	19	8	10
18		12		19		4		24		24		3
12	5	2		21	14	14	25	19		1	24	12
3		3		3		5		19		6		19
3	23	11	3	11		22	21	3	12	5	22	
13			10			3		21		21		14 **O**
14	21	11	3	19	8		2	19	24	21	6	19 **S**
21		3		21		24			9			2 **P**
11	24	23	26	3	12	19		22	3	11	24	12
3		5		20		19		13		24		3
12	3	24	22	8		3	15	20	3	12	12	10
		21		13	24	19		26		25		19

A B C D E F G H I J K L M N Ø Ø Q R Ø T U V W X Y Z

1	2 **P**	3	4	5	6	7	8	9	10	11	12	13
14 **O**	15	16	17	18	19 **S**	20	21	22	23	24	25	26

16	18	7	25	18	10		7	6	9	18	19	7
	12		18		18		18		12		9	
	17	4	7		5	18	1		15	18	25	
		10	26	3		4	3	9				
	18	8	4	20		18		18	7	16	7	
	24		20	26	7	1	9	7	19		21	
7	26	12		21		18		16		23	9	19
4	20	26	23	19		24		7	9	5	14	17
26		1		2	4	12			21		13	
7	23	10	21	21	14		18	25	15	9	5	4
3		19		17	18	13			19		7	
26	20	14	4	20		14		23	14	21	24	4
23	5	17		21		21		14		12	4	19
	9		21	9	19	2	14	21	11		4	
	1	18	12	1		19		23	10	18	5	
		11	10	21		7	16	26				
	7	13	18		21	26	14		12	9	25 **B**	
	4		5		22		21		4		18 **A**	
10	18	12	20	14	4		11	18	20	26	12 **N**	1

A̸ B̸ C D E F G H I J K L M N̸ O P Q R S T U V W X Y Z

1	2	3	4	5	6	7	8	9	10	11	12 **N**	13
14	15	16	17	18 **A**	19	20	21	22	23	24	25 **B**	26

	2		22		7		6		18		7	
25	18	6	16	7	13	6	23		6	7	18	9
	6		16		12		8		8		17	
19	6	18	21	24	6		3	25	18	22	7	18
	1		13				7		7		19	
23	6	17	21		8	3	18	11	13	22	7	8
					T	**U**	**R**					
7			7		12		26		6			
10	7	23	8	6	18	23		3	23	7	20	6
	15		6		3		23				9	
23	9	21	19	6	23		4	3	6	3	6	23
	6				12		3		15		7	
7	23	21	19	6		14	21	9	8	21	11	20
			6		13		18		18			3
17	7	21	9	23	12	22	8		6	24	6	11
	25		21		6				17		11	
10	6	2	13	7	17		10	18	21	11	20	23
	17		7		21		22		23		7	
2	6	7	8		23	8	18	7	8	6	20	26
	11		6		8		5		23		6	

A B C D E F G H I J K L M N O P Q R̸ S T̸ Ụ̸ V W X Y Z

| 1 | 2 | 3 **U** | 4 | 5 | 6 | 7 | 8 **T** | 9 | 10 | 11 | 12 | 13 |
| 14 | 15 | 16 | 17 | 18 **R** | 19 | 20 | 21 | 22 | 23 | 24 | 25 | 26 |

Grid

		15	19	25	4	15	19	26	4	13	
			H	I	P						
	1		8		25		8		20		15
14	3	22	20	13	18		14	20	26	24	13	18
	2		20		26			2		23	
12	3	26	5		16	18	3	16	25	1	25	11
	18		19		5		7		2		
14	13	20	8	9		13	15	2	3	26	18	5
		16		10		26		6		13	
26	9	26	10	13	7	13	6		13	9	13	18
	19			25		6			6	
1	26	25	18		22	8	20	6	1	25	15	19
	20		13		19		13		26	
6	13	15	4	25	2	13		16	18	13	13	10
		18		13		1		23		21	
18	13	23	25	7	6	13	18		15	13	13	23
	17		13			13		2		16	
9	13	26	17	13	6		15	23	13	20	2	15
	7		13		8		16		26		15
		26	15	2	13	18	8	25	6	15	

A B C D E F G ~~H~~ ~~I~~ J K L M N O ~~P~~ Q R S T U V W X Y Z

1	2	3	4	5	6	7	8	9	10	11	12	13
			P									

14	15	16	17	18	19	20	21	22	23	24	25	26
					H						I	

9	18	18	13	22	1	21	17		22	24	16	26
6		11		17			13		21			13
22		21		6	24	24	21	2	6	26	24	21
16	17	13	18	15			10		20			16
13		24		16		25	21	13	21			3
7	4	21	22	24	6		13		22	16	13	6
		16			15	21	21	9		19		15
9	21	10	21	16	1		15		24	18	15	2
16			2		21(E)	16(A)	1(T)			3		
7	21	13	2	21	13		6	15	23	21	8	1
		21			17	21	16		6			25
6	9	24	5		24		24	21	2	16	8	5
15		6		10	16	6	24			17		
21	16	8	25		15		5	16	17	17	21	9
12			16	14	21	22		8		13		16
4			24		1			8	18	18	17	22
6	15	15	18	11	16	1	18	13		11		25
1			21		13			4		16		21
5	16	13	9		5	18	9	21	24	24	21	9

~~A~~ B C D ~~E~~ F G H I J K L M N O P Q R S ~~T~~ U V W X Y Z

1	2	3	4	5	6	7	8	9	10	11	12	13
T												

14	15	16	17	18	19	20	21	22	23	24	25	26
		A					E					

15	25	15 E	16 R	3 C	17	1	15	■	5	2	9	24
25	■	6	■	9	■	17	■	9	■	17	■	16
18	22	9	2	20	■	5	18	12	18	3	15	18
2	■	18	■	15	■	4	■	17	■	17	■	23
20	14	20	15	■	3	14	12	8	15	20	20	17
■	■	15	■	3	■	12	■	17	■	■	■	12
16	9	22	15	2	13	■	10	15	2	14	12	24
17	■	■	■	18	■	10	■	22	■	16	■	■
19	17	24	14	16	14	9	1	■	21	17	2	20
15	■	16	■	17	■	16	■	8	■	24	■	26
20	4	17	1	20	2	15	■	2	2	18	11	18
15	■	12	■	13	■	18	■	18	■	11	■	12
22	18	22	14	■	10	9	3	7	2	17	12	24

A B C̸ D E̸ F G H I J K L M N O P Q R̸ S T U V W X Y Z

1	2	3 C	4	5	6	7	8	9	10	11	12	13
14	15 E	16 R	17	18	19	20	21	22	23	24	25	26

26	■	3	■	■	■	1	■	25	■	■	■	1
9	2	23	3	■	13	9	20	9	26	26	9	25
23	■	25	■	8	■	15	■	3	■	5	■	21
23	25	2	22	9	19	9	■	9	4	24	26	9
21	■	24	■	23	■	■	■	2	■	23	■	3
11	5	15	23	2	24	15	9	25	■	9	1	5
9	■	9	■	24	■	9	■	11	■	25	■	16
3	24	25	9	15	■	2	11	18	24	9	14	9
■	25	■	■	9	■	23	■	■	■	25	■	26
3	12	2	23	9	3	■	23	25	21	3	23	17
6	■	26	■	■	■	11	■	9	■	■	5	■
21	15	26	9	2	3	18	■	18	2	25	9	16
9	■	5	■	14	■	24	■	9	■	24	■	24
26	24	23	■	9	4	11	18	2	15	1	9	3
11	■	16	■	25	■	■	■	23	■	18	■	22
18	17 (Y)	9 (E)	15 (N)	2	■	11	25	9	2	23	5	25
24	■	15	■	1	■	21	■	8	■	7	■	24
15	2	23	23	9	25	9	8	■	10	21	25	15
1	■	■	■	8	■	8	■	■	■	26	■	23

A B C D ~~E~~ F G H I J K L M ~~N~~ O P Q R S T U V W X ~~Y~~ Z

1	2	3	4	5	6	7	8	9 E	10	11	12	13
14	15 N	16	17 Y	18	19	20	21	22	23	24	25	26

11	15	5	2	20	1		12	10	11	19	9	5
20		24			2		10			15		24
17		10			4		19			9		20
6	10	1	1	10	1		23	20	26	26	22	26
26			2		2	23	23		9			7
15	19	5	2	7	4		5	11	21	13	11	4
	21			2				19			17	
	13		21	2	20	11	9	9	18		12	
5	2	23	11		19		11		26	21	10	5
	9		4	2	5	24	20	19	9		19	
16	19	7	19		26		8		13	19	24	5
	24		17	11	4	8	11	5 **S**	5		24	
	19			13			16 **K**			11	
5	17	11	24	24	18		7	19 **I**	25	25	9	26
11			26		2	10	20		26			11
5	13	20	11	4	25		26	14	26	17	24	5
6		2			10		4			6		19
26		10			20		17			10		4
5	26	3	19	5	24		6	10	21	1	10	25

A B C D E F G H ~~I~~ J ~~K~~ L M N O P Q R ~~S~~ T U V W X Y Z

1	2	3	4	5 **S**	6	7	8	9	10	11	12	13
14	15	16 **K**	17	18	19 **I**	20	21	22	23	24	25	26

Codeword

10	1	16	5	8	15	■	26	■	5	24	19	4
16	■	20	■	7	4	21	6	10	15	■	4	■
12	24	4	20	5	25	■	22	■	4	10	14	10
24	■	■	4	■	11	■	3	16	18	5	■	4
16	22	7	14	16	■	16	■	18	■	20	■	1
22	■	20	■	9	24	13	5	4	14	7	10	16
■	■	6	■	16	■	14	■	8	■	1	■	■
16	21	21	6	8	6	16	18	5	■	16	■	25
3	■	6	■	5	■	22	■	10	16	3	2	16
2	■	8	4	10	5	■	19	■	4	■	■	4
16	23	16	18	■	20	■	4	16	20	6 (I)	4	22
■	7	■	5	20	24	10	5	11	■	8 (C)	■	7
5	17	16	16	■	16	■	10	16	22	16 (E)	8	5

A B C̶ D E̶ F G H I̶ J K L M N O P Q R S T U V W X Y Z

1	2	3	4	5	6 (I)	7	8 (C)	9	10	11	12	13
14	15	16 (E)	17	18	19	20	21	22	23	24	25	26

26	24	22	18	15	9	3	15		20	23	26	7
9		15		3			3		18			10
10		3		22	25	15	20	23	10	17	3	15
19	18	20	10	19			18		1			15
26		19		10		4	7	3	3			18
20	19	25	26	7	21		17		17	4	3	13
		6			3	10	9	17		3		19
2	15	3	17	20	18		15		3	7	12	16
26			10		21	7	25			6		
9	10	24	22	3	15		20	25	5	18	26	6
		25			10(A)	22(P)	9(T)		26			10
24	25	24	17		22		26	7	5	15	3	6
10		22		17	23	18	18			26		
23	25	17	23		26		7	10	21	21	3	6
10			10	15	20	17		2		10		15
15			14		10			15	10	9	9	16
10	11	25	10	22	19	10	7	3		18		26
8			15		19			17		7		7
10	1	3	6		16	10	20	23	9	26	7	21

A~~B~~ C D E F G H I J K L M N O ~~P~~ Q R ~~S~~ ~~T~~ U V W X Y Z

1	2	3	4	5	6	7	8	9 T	10 A	11	12	13
14	15	16	17	18	19	20	21	22 P	23	24	25	26

3 **O**	20 **B**	5 **S**	9	16	4	21	■	■	5	■	11	■
■	4	■	3	■	21	■	17	4	3	11	2	8
18	2	7	18	23	24	■	1	■	9	■	13	■
■	23	■	■	■	2	15	21	19	2	20	13	21
7	4	23	20	■	15	■	15	■	3	■	21	■
16	■	■	23	16	19	2	3	■	13	16	4	22
8	18	2	15	■	21	■	24	■	3	■	■	21
■	1	■	14	■	19	4	21	19	7	2	15	7
11	21	13	3	15	■	■	15	■	6	■	23	■
■	21	■	■	■	8	21	23	■	■	■	2	■
■	10	■	9	■	21	■	■	26	21	2	13	5
19	21	8	23	2	13	21	19	■	25	■	21	■
23	■	■	5	■	21	■	2	■	16	15	19	3
19	2	5	9	■	17	23	5	8	23	■	■	17
■	9	■	23	■	23	■	21	■	13	23	5	8
26	21	15	19	21	8	8	23	■	■	■	8	■
■	20	■	2	■	1	■	5	3	20	20	21	19
9	3	16	15	8	6	■	21	■	4	■	21	■
■	12	■	7	■	■	16	5	16	23	13	13	6

A ~~B~~ C D E F G H I J K L M N ~~O~~ P Q R ~~S~~ T U V W X Y Z

1	2	3 **O**	4	5 **S**	6	7	8	9	10	11	12	13
14	15	16	17	18	19	20 **B**	21	22	23	24	25	26

	12 **B**		17		17		22		17			
12	6 **R**	1	20		4	22	16	17	24	7	6	
	1 **I**		9		7		22		20		7	
1	17	2	22	11	19		2	15	6	1	14	17
	24				17		5		7		7	
14	2	22	17	10		12	22	12	15	17	1	24
	7		18		5		16				3	
1	17	17	13	1	11	5		1	6	25	7	19
			1		22		9		20		6	
17	24	20	6	25	17		6	20	12	13	17	24
	1		16		4		13		12			
17	16	22	17	4		8	1	26	7	11	7	19
	7				9		24		6		11	
17	24	22	24	1	20	11		24	17	22	6	17
	22		8		6		10				1	
20	12	2	1	5	7		22	12	21	7	14	24
	2		17		22		13		22		4	
	7	23	24	20	6	24	17		8	20	7	17
		17		16		7		17		17		

A~~B~~C D E F G H ~~I~~J K L M N O P ~~Q~~ ~~R~~ S T U V W X Y Z

1	2	3	4	5	6	7	8	9	10	11	12	13
I					**R**						**B**	
14	15	16	17	18	19	20	21	22	23	24	25	26

23	19	18	4	21	23	■	11	18	1	25	16	4
■	1	■	3	■	6	■	16	■	22	■	5	■
17	5	14	7	20	17	5	25	■	1	7	15	23
■	6	■	26	■	15	■	12	■	5	■	12	■
20	18	1	8	■	15	18	4	5	4	6	17	19
■	7	■	12	■	4	■	■	■	■	■	5	■
23	19 **C**	18 **R**	4 **E**	4	5	■	11	18	4	7	19	9
■	6	■	■	■	■	■	4	■	13	■	9	■
10	16	25	25	12	4	18	23	■	16	5	17	6
■	7	■	16	■	7	■	8	■	7	■	5	■
7	12	4	23	■	23	9	1	18	6	7	25	4
■	12	■	6	■	4	■	2	■	4	■	12	■
5	24	12	1	5	23	■	4	23	23	7	24	23

A B C̸ D E̸ F G H I J K L M N O P Q R̸ S T U V W X Y Z

1	2	3	4 **E**	5	6	7	8	9	10	11	12	13
14	15	16	17	18 **R**	19 **C**	20	21	22	23	24	25	26

10	15	24	2	22	23		3	4	15 **L**	25	4	26
7			6		7	20	4		24 **O**			3
3		22	3	6	11		9	24	2 **T**	4		4
4	17	24			10		25			20	25	5
6		7		18	7	4	15	15		22		13
7	5	16	15	7	17		4	25	17	23	2	21
		24		4		1		15		4		
24	14	5		4		4		6		14	24	12
19			16	3	4	26	4	22	2			5
25	1	15	4			3			6	19	15	4
1			6	1	8	24	7	3	5			6
4	3	3		14		20		4		22	24	1
		4		4		2		6		15		
3	7	26	26	15	4		24	22	2	6	9	4
4		7		15	7	5	22	23		11		15
10	4	4			15		22			11	25	1
7		15	25	1	24		7	17	15	21		4
26			3		17	6	16		6			20
26	24	15	12	20	21		21	24	17	7	3	2

A B C D E F G H I J K̷ L M N Ø P Q R S T̷ U V W X Y Z

| 1 | 2 **T** | 3 | 4 | 5 | 6 | 7 | 8 | 9 | 10 | 11 | 12 | 13 |
| 14 | 15 **L** | 16 | 17 | 18 | 19 | 20 | 21 | 22 | 23 | 24 **O** | 25 | 26 |

Codeword puzzle grid (numbered cells 1–26, with T = 5, H = 15, E = 25):

		22	4	20	16	5	15	21	21	4		
	19		25		22		21		20		22	
8	20	10	12	21	10		9	22	5	25	10	11
	22		8		3				25		7	
21	3	25	10		22	18	17	21	10	26	22	16
	25		7		25		21		26			
8	10	22	18	12		25	12	1	21	20	12	25
			25		4		25		12		2	
12	21	16	4	25	10	25	4		5	10	7	1
	10				25		7				10	
22	4	4	12		22	4	3	21	8	22	5	25
	25		20		26		25		21			
8	10	22	8	2	25	4		7	17	4	25	13
			8		10		22		14		7	
22	5	15	25	7	12	5	12		7	21	5(**T**)	22
	9		12				12		4		15(**H**)	
23	7	24	12	22	9		22	26	22	6	25(**E**)	12
	24		21		7		7			17		10
		5	10	22	17	12	16	22	5	25		

A B C D E̷ F G H̷ I J K L M N O P Q R S̷ T U V W X Y Z

1	2	3	4	5 **T**	6	7	8	9	10	11	12	13
14	15 **H**	16	17	18	19	20	21	22	23	24	25 **E**	26

26	18	2	6	4	22		21	16	5	23	1	21
25			19		21	1	1		16			7
12		10	19	3	6		18	26	25	24		6
26	11	11			6		18			1	23	6
25		6		16	23	13	25	25		22		15
16	5	14	26	24	13		6	16	3	7	22	13
	10		9		26		25		6			
1	21	25		6		8		26		19	16	23
20			14	25	1	10	5	4	6			19
18	16	19	1			26			17	16	11	26
1			19	10	9	22	10	19	6			12
21	26	19		11		16		10		9	16	6
		1		10		4		3		19		
26	23	17	6	19	18		1	18	1	16	11	22
22		16		9	10	11	11	13		5		26
1 O	21 W	5 N			18		9			4	1	5
24		3	19	26	18		19	16	14	6		12
16			6		25	16	6		10			6
4	7	16	17	17	13		13	1	19	12	6	19

A B C D E F G H I J K L M N̸ Ø P Q R S T U V W̸ X Y Z

1 O	2	3	4	5 N	6	7	8	9	10	11	12	13
14	15	16	17	18	19	20	21 W	22	23	24	25	26

5	17	18	7	20	9	19	14	■	10	18	24	1
8	■	24	■	15	■	7	■	■	■	21	■	18
2	7	19	3	18	9	5	18	■	5	18	20	10
18	■	17	■	4	■	2	■	5	■	17	■	14
20	10	19	1	■	23	24	20	7	26	4	14	7
24	14	4	■	■	■	20	■	19	■	■	■	5
■	14	■	4	■	17	9	20	6	■	25	20	4
6	9	14	12	18	9	■	■	6	■	20	■	9
9	■	■	19	■	18	20	5	18	■	13	■	20
20	3	18	7	6	18	■	4	9	2	18	5	4
4 **T**	■	20	■	20	24	14	18	■	7	■	■	18
19 **I**	■	9	■	5	■	■	20	25	19	18	24	1
25 **F**	18	7	■	22	18	18	24	■	4	■	14	■
11	■	■	■	19	■	16	■	■	■	25	2	7
19	7	25	19	7	19	4	11	■	3	18	4	14
7	■	9	■	6	■	18	■	3	■	7	■	1
6	22	18	18	■	2	7	23	19	7	7	18	1
24	■	20	■	■	■	1	■	5	■	18	■	18
11	20	26	5	■	20	5	5	20	19	24	18	1

A B C D E ~~F~~ G ~~H~~ J K L M N O P Q R S ~~T~~ U V W X Y Z

1	2	3	4 **T**	5	6	7	8	9	10	11	12	13
14	15	16	17	18	19 **I**	20	21	22	23	24	25 **F**	26

20	19	8	17	20	25		10	11	21	4	19	24
	4		20		1		8		24		20	
	20	4	25		3	8	12		16	26	3	
			25	20	2		20	5	24			
	22	25	8	16		10		8	3	11	8	
	21		5	4	20	3	4	10	11		19	
25	8	11		25		20		4		22	20	11
20	7	20	9	24		14		11	26	25	25	24
6 C		2			14	24	3			20		2
8 O	11	4	8	10	24		24	2	24	7	5	11
3 N		6			1	24	17			4		26
4	3	20	5	11		19		5	20	3	12	20
6	26	23		13		8		20		16	24	25
	7		23	8	8	14	4	10	13		22	
	23	8	8	3		24		11	26	22	11	
			20	16	24		24	20	21			
	18	8	11		6	20	5		11	20	16	
	20		24		13		4		25		3	
24	7	23	21	1	8		6	13	24	15	26	24

A B C̶ D E F G H I J K L M N̶ O̶ P Q R S T U V W X Y Z

1	2	3 N	4	5	6 C	7	8 O	9	10	11	12	13
14	15	16	17	18	19	20	21	22	23	24	25	26

Grid

10	5	23	10	2		3	23	23	8	19	10	26
12		24		16		19		4		24		8
21 R	10 E	14 M	24	9	10	19		10	3	21	17	19
10		11		10				3		21		22
22	10	3	1		4	3	21	11	24	24	17	19
19		17		19		2		2		15		
	19	7	14	11	4	24	17	7		18	10	15
14				24		24				8		3
8	17	16	24	17		18	8	14	13	2	10	26
18		17		12				10		2		10
18	3	22	22	10	17	19		14	3	7	24	21
16		10				10		24				19
17	16	2		24	21	26	3	16	17	10	26	
		2		21		3		21		6		25
15	21	16	17	12	16	17	12		13	10	3	8
16		12		3				10		23		16
23	2	10	3	17		3	21	13	16	22	10	21
1		17		20		21		13		24		1
19	10	22	13	3	23	1		19	11	21	3	7

A B C D E̷ F G H I J K L M̷ N O P Q R̷ S T U V W X Y Z

1	2	3	4	5	6	7	8	9	10 E	11	12	13
14 M	15	16	17	18	19	20	21 R	22	23	24	25	26

23	24	9	1	4		24		7	10	19	21	24
6		10		13	3	2	3	24		2		17
1	10	6	24	10		1		1	25	3	26	24
17		4		24	22	19	13	24		23		18
	4	16	6	24	5	22		4	14	24	22	22
15		6			1		24		19			5
5	12	24	20	6	24		11	24	25	24	22	4
10			24		2		24			2		4
9	24	4	24	1		4	26	5	20	1	17	
22		14		14	24	5	1	4		10		19
3	15	5	18	19		12		13 **P**	22	6	26	8
20		8		10	24	24	12	24 **E**		23		5
18	22	24	5	20		10		20 **N**	24	24	23	17

A B C D E̶ F G H I J K L M N̶ O P̶ Q R S T U V W X Y Z

1	2	3	4	5	6	7	8	9	10	11	12	13 **P**
14	15	16	17	18	19	20 **N**	21	22	23	24 **E**	25	26

6	13	8	9	12	11	19	■	16	4	1	8	23
■	17	■	8	■	7	■	7	■	8	■	13	■
13	10	25	1	■	4	22	14	23	22	8	11	16
■	13	■	26	■	19	■	21	■	11	■	8	■
9	5	22	16	25	■	10	12	14	13	24	22	16
■	■	■	6	■	26	■	6	■	16	■	15	■
22	9	9	22	3	5	13	■	22	24	22	16	16
■	7	■	15	■	1	■	26	■	13	■	■	■
22	14	1	14	■	3	22	5	22	14	10	13	16
■	26	■	■	■	7	■	13	■	■	■	17	■
11	12	16	16	1	5	18	13	■	11	22	7	3
■	■	■	10	■	13	■	9	■	13	■	11	■
16	24	22	8	4	■	2	7	22	9 **F**	9	13	11
■	13	■	22	■	13	■	5	■	13 **E**	■	■	■
22	11	22	24	22	14	4	■	6	8 **R**	1	11	16
■	12	■	3	■	20	■	7	■	8	■	8	■
16	10	22	5	5	1	6	16	■	12	8	1	14
■	22	■	13	■	19	■	13	■	14	■	15	■
3	5	22	11	13	■	3	8	12	26	22	14	11

A B C D E̶ F̶ G H I J K L M N O P Q̶ R̶ S T U V W X Y Z

1	2	3	4	5	6	7	8 **R**	9 **F**	10	11	12	13 **E**
14	15	16	17	18	19	20	21	22	23	24	25	26

The grid (codeword puzzle):

	4		19		9		9		14		19	
6	22	23	23	7	19	9	13		12	8	20	13
	4		7		19		2		21		22	
15	12	22	21	18	13		12	24	24	9	21	5
	13		2				10		22		9	
13	7	10	22		4	12	18	12	10	26	7	3
7			21		7		13		9			
8	22	19	19	9	10	3		20	13	20	7	23
	21		23		22		10				8	
2	7	21	3	12	21		20	5	5	9	10	13
	21				9		4		22		12	
23	9	7	13	25		17	12	12	4	22	21	19
			16		13		20		9			12
13	22	21	22	13	18	9	10		21	9	13	18
	2		8		7				13		11	
10	9	7	8	9	10		12 (O)	5	22	12	20	13
	14		9		6		10 (R)		12		7	
14	12	7	10		9	5	19 (G)	22	21	9	13	13
	1		13		13		3		13		25	

A B C D E F Ǿ H I J K L M N Ø P Q Ʀ S T U V W X Y Z

1	2	3	4	5	6	7	8	9	10	11	12	13
									R		O	
14	15	16	17	18	19	20	21	22	23	24	25	26
					G							

4	11	6	12	7		6	9	12	20	11	18	23
5		23		1	23	23		8		11		
8 (R)		12		2		9	25	22	12	23	25	19
11 (O)		10	26	24	24	12		1		9		
18 (W)	12	19	6			19	9	23	23	1	2	3
19			6			9		11		11		1
	20		9	17	26	15	9	15		4		23
21	1	9	15		19			3	8	12	20	4
	2		22	9	23	23	9			1		
6	1	7	7	12			8	11	11	20	19	
	19		24	11	11	16	19			4		
22	5	12	13	1			9		16	11	5	23
11		17		23	9	2	3	4	5		19	
11		9		23		1			12			19
8	9	15	11	1	2	3			16	9	23	6
	14		24			3	9	23	1	15		9
20	26	24	5	19	1	12		12		1		18
	1		8			8	12	2		20		9
19	6	9	9	15	9	15		16	9	10	9	15

A B C D E F G H I J K L M N Ø P Q Ø S T U V Ø X Y Z

1	2	3	4	5	6	7	8	9	10	11	12	13
							R			O		

14	15	16	17	18	19	20	21	22	23	24	25	26
				W								

16	26	9	19	2	16	■	21	8	25	19	9	17
20	■	21	■	9	■	8	■	21	■	4	■	25
9	12	25	■	12	3	12	9	8	■	11	5	5
21	■	17	■	14	■	16	■	21	■	21	■	4
4	5	4	16	17	4	16	21	26	12	3	3	13
18	■	■	21	■	■	12	■	■	8	■	■	8
■	5	9	11	20	5	7	9	12	25	20	13	■
12	■	19	■	12	■	17	■	3	■	17	■	20
24	17	2	12	16	17	■	12	7	17	4	24	12
24	■	■	■	16	■	■	■	17	■	■	■	9
17	15	19	12	3	16	■	12	2	20	5	9	16
24	■	9	■	17	■	1	■	9	■	10	■	20
■	21	4	17	16	26	12	25	12	2	3	13	■
23	■	■	9	■	■	3	■	■	5	■	■	16
21	4	11	9	21	4	16	21	26	12	3	3	13
4	■	12	■	8	■	21	■	12	■	21	■	4
18 (K)	21 (I)	4 (N)	■	12	11	11	21	26	■	7	19	11
17	■	7	■	7	■	13	■	12	■	20	■	12
24	17	12	26	5	4	■	22	5	9	11	17	6

A B C D E F G H̶ I J̶ K L̶ M N̶ O P Q R S T U V W X Y Z

1	2	3	4 N	5	6	7	8	9	10	11	12	13
14	15	16	17	18 K	19	20	21 I	22	23	24	25	26

Codeword

	12 G	8	16	21	14		5	19	14	21	2	
	22 A		21		22		26		8		8	
22	5 S	15	21	19	3		1	18	5	1	18	12
	3		14		3	21	22		21		12	
4	14	22	5	5	10		9	22	14	3	21	9
	8			17				12			14	
	19	17	23	4	5		24	17	17	9	5	
5			21		22	19	21		16			22
3	21	14	23	21	9		22	15	21	23	21	18
17			21		9		3		14			18
25	21	14	18	21	7		1	18	22	4	7	21
21			3		21	22	14		2			13
	15	7	17	9	5		21	16	21	14	10	
	14			1				8			17	
6	8	3	3	21	14		19	22	23	15	1	5
	11		14		8	14	21		1		18	
20	8	14	8	18	12		22	5	5	8	12	18
	18		4		20		5		21		21	
	12	1	21	5	3		21	7	9	21	14	

~~A~~ B C D E F ~~G~~ H I J K L M N O P Q R ~~S~~ T U V W X Y Z

1	2	3	4	5 S	6	7	8	9	10	11	12 G	13
14	15	16	17	18	19	20	21	22 A	23	24	25	26

26	11	26	23	6		23	25	16	9	16	5	19
5		13		2		1		9		5		1
14		12	4	21	26	21		12	26	26	20	24
2		26		26		4		1		21		6
9	8	7	26	24	6	24		6	4	6	8	21
26			5			8	10	16		16		16
24	26	7	22	8	9			26	13	1	7	6
	17		26		8	12	26	5				16
8	4	6	22	8	8	21		6	8	3	5	24
	1			10		8		7			16	
1	7	6	8	24		10	1(A)	2	8	5	26	6
21				26	3	26	24(S)		5		23	
6	25	1	3	24			20(K)	16	24	24	26	24
26		5		24	20	16			26			16
15	4	5	19	16		24	20	1	6	16	5	19
1		4		18		7		18		5		25
23	1	7	18	26		1	7	8	8	15		16
6		1		7		5		3		26		5
24	6	21	1	2	26	22		24	12	21	16	19

A̶ B C D E F G H I J̶ K̶ L M N O P Q R S̶ T U V W X Y Z

1 A	2	3	4	5	6	7	8	9	10	11	12	13
14	15	16	17	18	19	20 K	21	22	23	24 S	25	26

12	18	22	11	13	6	■	22	3	18	10	22	2
13	■	25	■	■	12	■	23	■	■	22	■	18
25	■	8	■	■	20	■	3	■	■	1	■	22
26	13	12	22	2	19	■	13	11	8	13	13	23
22	■	■	11	■	15	18	25	■	18	■	■	13
2	18	3	13	2	5	■	26	18 (O)	10	2	13	23
■	4	■	■	18	■	■	■	2 (L)	■	■	17	■
■	15	■	8	18	25	25	18	23 (D)	13	■	25	■
15	18	19	24	■	24	■	24	■	17	25	13	10
■	7	■	26	18	2	6	15	13	25	■	17	■
12	13	25	13	■	13	■	25	■	13	11	20	15
■	15	■	6	22	23	23	13	6	15	■	18	■
■	25	■	■	17	■	■	■	24	■	■	24	■
4	5	15	12	18	1	■	24	1	21	24	6	15
22	■	■	24	■	20	1	1	■	18	■	■	22
8	18	6	7	20	8	■	20	1	15	22	8	15
16	■	13	■	■	16	■	14	■	■	25	■	15
13	■	10	■	■	13	■	24	■	■	7	■	2
25	13	1	15	22	2	■	13	1	9	5	7	13

A B C Ø E F G H I J K Ł M N Ø P Q R S T U V W X Y Z

1	2 L	3	4	5	6	7	8	9	10	11	12	13
14	15	16	17	18 O	19	20	21	22	23 D	24	25	26

	17	24	17	24	26		10	12	11	24	15	
	11		5		25		12		12		2	
18	12	24	3	5	22		11	26	24	3	24	26
	11		24		13	11	9		1		26	
15	22	5	11	15	16		15	2	24	9	19	8
	24			7				7			5	
	11	22	22	7	23		21	5	24	9	15	
13			24		11	3	7		9			15
5	22	25	10	15	8		22	5	13	24	5	23
20			15		2		5		7			24
5	4	25	24	9	5		12	24	19	24	9	18
3			3		22	7	5		5			8
	5	13	5	9	8		18	11	8	10	8	
	14			5				24			26	
22	5	12	24	5	21		18	12	11	6	5	3
	26		3		5	18	7		3		9	
8	15	22	24	26	15		22	5	3	3	5	9
	5		7		26		8		5		22	
	3	24(I)	15(T)	26(C)	2		5	11	22	12	16	

A B C̶ D E F G H I̶ J K L M N O P Q R S T̶ U V W X Y Z

1	2	3	4	5	6	7	8	9	10	11	12	13
14	15 **T**	16	17	18	19	20	21	22	23	24 **I**	25	26 **C**

Codeword puzzle grid (numbers 1–26 substitute for letters):

8	11	6	13	11	3	■	9	7	4	21	16	8
16	■	■	11	■	11	22	6	■	2	■	■	13
13	■	5	22	10	13	■	1	9	9	13	■	9
9	6	16	■	■	25	■	14	■	■	9	20	9
22	■	6	■	1	10	21	9	5	■	22	■	26
1	4	1	1	10	3	■	6	4	21	10	8	18
■	■	14	■	17	■	22	■	7	■	8	■	■
2	4	9	■	4	■	4	■	10	■	18 **H**	4 **O**	1 **B**
22	■	■	5	16	8	8	4	26	25	■	■	22
4	25	22	11	■	■	9	■	■	10	21	9	11
3	■	■	1	4	24	18	4	4	21	■	■	19
15	11	8	■	20	■	10	■	20	■	11	26	9
■	■	12	■	9	■	13	■	11	■	20	■	■
8	14	16	22	22	24	■	10	5	8	9	14	23
4	■	10	■	5	4	3	3	9	■	3	■	4
26	16	22	■	■	22	■	23	■	■	15	16	6
10	■	6	11	22	25	■	11	7	14	9	■	9
11	■	■	23	■	9	14	6	■	11	■	■	3
14	10	5	5	9	22	■	24	4	15	16	22	5

A B̸ C D E F G̸ H I J K L M N Ø P Q R S T U V W X Y Z

1 **B**	2	3	4 **O**	5	6	7	8	9	10	11	12	13
14	15	16	17	18 **H**	19	20	21	22	23	24	25	26

18	26	1	19	■	23	10	20	23	■	19	18	22
26	■	22	■	3	■	20	■	8	■	1	■	18
5	26	19	23	25	26	16	■	23	5	8	25	18
7	■	14	■	26	■	26	■	8	■	21	■	5
26	13	26	24	25	21	■	16	22	10	21	20	22
22	■	■	■	26	■	11	■	■	■	26	■	20
17	8	1	26	16	■	26	15	14	26	12	16	19
21	■	10	■	■	■	1	■	10	■	■	■	26
26	16	20	24	20	23	26	■	25	5	2 **G**	26	16
■	■	5	■	2	■	21	■	7	■	20 **I**	■	■
18	26	5	20	21	■	21	8	17	26	21 **L**	20	22
5	■	■	■	8	■	26	■	■	■	16	■	23
8	25	14	16	8	8	5	■	5	26	19	26	14
24	■	5	■	■	■	19	■	26	■	■	■	25
20	16	20	8	14	19	■	22	23	22	23	20	22
21	■	6	■	22	■	24	■	8	■	5	■	21
20	12	26	18	14	■	8	5	20	2	22	7	20
12	■	14	■	14	■	5	■	21	■	9	■	14
2	22	19	■	13	8	4	26	■	17	26	6	13

A B C D E F G̶ H I̶ J K L̶ M N O P Q R S T U V W X Y Z

1	2 **G**	3	4	5	6	7	8	9	10	11	12	13
14	15	16	17	18	19	20 **I**	21 **L**	22	23	24	25	26

Codeword Grid

5	14	10	21	21	6	16	26	■	5	12	22	11
12	■	7	■	12	■	■	13	■	16	■	■	6
24	■	3	■	22	26	3	12	16	12	17	26	9
5	14	8	10	5	■	■	22	■	19	■	■	9
26	■	12	■	10	■	12	3	22	26	■	■	8
8	10	24	26	12	16	■	26	■	22	26	7	10
■	■	17	■	■	26	5	16	6	■	20	■	24
11	10	22	22	26	22	■	12	■	11	12	24	2
6	■	■	3	■	3	12	17	■	■	9	■	■
26	4	6	12	17	26	■	10	24	17	26	16	24
■	■	16	■	■	5 C	12 A	24 N	■	14	■	■	14
12	8	2	12	■	17	■	2	12	17	11	26	16
15	■	26	■	3	12	25	8	■	■	26	■	■
23	6	9	14	■	15	■	1	12	3	3	26	9
6	■	■	16	12	10	9	■	22	■	17	■	14
16	■	■	12	■	8	■	■	1	26	12	16	24
10	9	26	24	17	10	5	12	8	■	2	■	18
24	■	■	2	■	17	■	■	6	■	14	■	26
2	10	20	26	■	1	26	14	7	12	24	16	1

A̸ B C̸ D E F G H̸ I J K L M N̸ O P Q R S T U V W X Y Z

1	2	3	4	5 C	6	7	8	9	10	11	12 A	13
14	15	16	17	18	19	20	21	22	23	24 N	25	26

2	20	18	12	■	24	16	6	14	■	22	2	26
12	■	4	■	6	■	6	■	18	■	6	■	2
18	4	22	23	11	13	5	■	22	6	19	17	6
16	■	13	■	22	■	11	■	13	■	10	■	19
18	20	16	6	18	5	■	6	19	23	2	20	5
11	■	■	■	19	■	16	■	■	■	13	■	18
18	19	6	12	13	■	18	20	13	19	12	18	6
20	■	15	■	■	■	21	■	15	■	■	■	20
26	23	23	5	21	25	13	■	23	6	12	7	11
■	■	18	■	6	■	19	■	17	■	18	■	■
16	6	5	13	20	■	6	15	13	19	12	13	5
18	■	■	■	9	■	12	■	■	■	7	■	13
24	23	19	26	23	20	13	■	3	7	13	6	22
13	■	18	■	■	■	11	■	16	■	■	■	6
21	6	21	18	13	11	■	16	18	20	13	6	19
13	■	3	■	20	■	8	■	20	■	1	■	12
16	13	6	17	11	■	23	19 R	18 I	26 G	6	4	18
12	■	26	■	2	■	23	■	3	■	3	■	20
11	2	13	■	13	6	11	25	■	11	12	6	26

A B C D E F G̸ H I̸ J K L M N O P Q R̸ S T U V W X Y Z

1	2	3	4	5	6	7	8	9	10	11	12	13
14	15	16	17	18 I	19 R	20	21	22	23	24	25	26 G

11	24	16	12	16	22	▮	22	9	3	3	17	7 **D**
23	▮	26	▮	▮	12	13	▮	▮	9	▮	1 **O**
1	▮	13	▮	▮	13	11	▮	▮	8	▮	8 **N**
24	1	8	15	16	22	▮	23	13	2	16	24	26
26	▮	▮	17	▮	17	6	1	▮	16	▮	▮	17
11	13	8	17	20	11	▮	25	17	12	3	18	21
▮	8	▮	▮	23	▮	▮	▮	17	▮	▮	16	▮
▮	3	▮	24	1	19	25	13	18	17	▮	8
15	12	16	21	▮	1	▮	19	▮	8	1	7	11
▮	13	▮	8	13	12	5	16	8	16	▮	1
16	8	3	13	▮	16	▮	6	▮	24	1	20	11
▮	11	▮	24	16	18	19	17	11	3	▮	8
▮	13	▮	▮	15	▮	▮	▮	9	▮	▮	17	▮
11	24	16	3	3	21	▮	22	17	15	1	12	17
13	▮	▮	13	▮	17	19	9	▮	18	▮	▮	16
6	16	14	17	22	1	▮	11	10	9	13	22	11
8	▮	17	▮	▮	19	▮	3	▮	▮	12	▮	3
17	▮	12	▮	▮	16	▮	18	▮	▮	26	▮	17
7	13	1	4	13	8	▮	17	12	16	11	17	12

A B C Ø̸ E F G H I J K L M Ø̸ Ø̸ P Q R S T U V W X Y Z

| 1 **O** | 2 | 3 | 4 | 5 | 6 | 7 **D** | 8 **N** | 9 | 10 | 11 | 12 | 13 |
| 14 | 15 | 16 | 17 | 18 | 19 | 20 | 21 | 22 | 23 | 24 | 25 | 26 |

26		21		19		14	9	17		5		
25	8	15	9	26	19	25		24	16	9	17	23
7		9		22		7		13		6		13
19	17	7	16 N	23		7	2	23	15	19	26	17
20			9 I			3		3		26		23
23	13	19	25 L	17	18		1	7	15	20	23	15
3		16		15		18			7			16
	19	17	17	24	16	23		12	23	21	15	19
14		5		18		4		9		25		25
9	15	23		18	1	24	16	11		19	9	25
16		15		23		9		12		21		8
11	19	18	10	18		16	23	19	15	21	8	
23			9			18		11		23		19
15	23	16	23	1	18		19	18	9	3	23	18
25		7		19		24			22			18
23	15	15	19	16	3	18		7	10	23	15	19
18		22		9		9		5		24		24
18	10	19	1	16		16	24	22	23	15	19	25
		25		11	19	11		18		7		17

A B C D E F G H I̶ J K L̶ M N̶ O P Q R S T U V W X Y Z

1	2	3	4	5	6	7	8	9 I	10	11	12	13
14	15	16 N	17	18	19	20	21	22	23	24	25 L	26

1	6	25	5	24	15		7	9	3	19	9	4
15		7		25		10		15		25		11
3	5	7		19	25	13	20	22		26	10	15
11		9		14		19		5		15		10
14	11	4	18	1	24	10	15	20	22	5	24	21
9			9			24			25			9
	25	24	1	7	9	10	23	10	14	13	9	
15		10		10		20		19		11		17
2	10	21	9	3	1		1	24	11	11	16	9
5				15				9				3
20	13	5	19	10	8		25	1	22	9	3	1
9		24		23		12		5		9		9
	5	24	4	9	26	5	24	10	14	13	18	
19			25			21			11			15
5	4	9	11	13(L)	11(O)	21(G)	5	20	10	13	13	18
4		19		9		5		11		11		20
2	9	14		17	9	24	11	19		2	22	11
10		9		9		21		19		13		11
18	11	4	9	13	1		20	10	24	18	11	24

A B C D E F~~/~~ H I J K L~~/~~ M N ~~Ø~~ P Q R S T U V W X Y Z

1	2	3	4	5	6	7	8	9	10	11 O	12	13 L
14	15	16	17	18	19	20	21 G	22	23	24	25	26

175

	5		23	26	10	21	13			10	
4	21	9	12	2		12		26	26	9	18	26
	2		6	26	20	13	12	8	13		22	
24	18	6	10			18			19	12	15	25
	6		26		13	21	9		18		26	
6	19	18	8	26	9		26	20	1	18	13	26
15		4			26	7	21			4		8
9	18	10	10	25	26		9	26	12	10	26	9
9		21			1		18			9		21
21	12	9		16	9	2	26	9		21	18	25
7		13			26		8			3		4
12	9	12	5	25	26		13	19	9	18	3	26
13		8			10 **P**	26 **E**	12 **A**			6		8
26	6	13	12	13	26		13	19	9	26	12	13
	13		17		9	21	26		12		25	
7	15	9	15			17			14	12	25	26
	10		9	26	11	21	18	1	26		18	
3	21	24	26	25		8		15	23	23	26	9
	9			16	18	26	25	23			23	

A ~~B~~ C D ~~E~~ F G H I J K L M N O ~~P~~ Q R S T U V W X Y Z

1	2	3	4	5	6	7	8	9	10 **P**	11	12 **A**	13
14	15	16	17	18	19	20	21	22	23	24	25	26 **E**

24	4	6	11	14		19	16	25	26	11	8	
13		23		26		16		10		4		16
26	25	25		25	10	15	17	6	26	25	25	21
15		17		25		5		21		15		25
26	25	21	23	22	25		21	23	15	23	25	18
1				6		6				25		
15	24	13	16	26	18	21		20	13	21	25	18
		9		3		13		13				13
7	6	26	10		24	22	6	21	21	12	16	22
25		25		17		15		5		16		22
21	25	4	2	15(A)	26	23(N)	21(T)		25	26	2	5
23				6		6		21		3		
21	15	23	6	26		26	13	16	4	6	21	8
		9				3		20				13
9	8	6	22	21	23		16	20	20	25	4	21
15		26		11		15		13		22		6
18	6	3	4	25	21	21	25	21		24	25	25
21		25		26		14		25		13		4
	15	21	23	25	4	21		18	13	9	26	5

~~A~~ B C D E F G H I J K L ~~M~~ ~~N~~ O P Q R ~~S~~ ~~T~~ U V W X Y Z

| 1 | 2 | 3 | 4 | 5 | 6 | 7 | 8 | 9 | 10 | 11 | 12 | 13 |
| 14 | 15 (A) | 16 | 17 | 18 | 19 | 20 | 21 | 22 | 23 (T) | 24 | 25 | 26 (N) |

19	22	15	18	14	9	26	■	22	21	22	17	16
■	11	■	7	■	17	■	18	■	1	■	14	■
10	22	9	8	■	15	22	9	5	23	24	1	14
■	14	■	5	■	12	■	9	■	6	■	4 **C**	■
11	5	25	16	18	■	25	22	2	16	22	22 **O**	15
■	■	14	■	23	■	19	■	18	■	16 **R**	■	■
7	9	22	22	21	5	21	■	23	4	18	14	23
■	18	■	22	■	8	■	13	■	5	■	■	■
19	16	5	14	■	25	9	17	14	21	5	16	23
■	20	■	■	■	18	■	16	■	■	■	22	■
4	18	16	16	26	4	22	8	■	21	18	17	25
■	■	■	5	■	24	■	7	■	5	■	23	■
5	20	1	4	8	■	3	17	18	23	13	5	23
■	1	■	13	■	18	■	9	■	5	■	■	■
8	16	17	18	14	4	26	■	21	16	1	9	26
■	8	■	16	■	13	■	8	■	8	■	17	■
10	17	6	6	9	5	16	23	■	1	15	12	23
■	18	■	5	■	23	■	18	■	14	■	1	■
7	9	18	23	24	■	25	16	1	6	18	14	21

A B C̷ D E F G H I J K L M N O̷ P Q R̷ S T U V W X Y Z

1	2	3	4 **C**	5	6	7	8	9	10	11	12	13
14	15	16 **R**	17	18	19	20	21	22 **O**	23	24	25	26

22	5	8	9	12	21	15	16	■	3	6	5	19
5	■	5	■	8	■	7	■	3	■	24	■	21
22	26	18	15	16	■	19	26	6	20	5	22	26
10	■	15	■	5	■	5	■	26	■	19	■	22
23	15	1	6	■	14	21 R	5 O	22 C	22	5	1	20
■	19	■	12	■	19	■	20	■	■	■	8	
26	8	23	5	8	15	■	12	8	3	12	8	11
17	■	■	■	12	■	2	■	11	■	8	■	
12	8	13	26	3	24	15	16	■	3	22	26	19
26	■	20	■	12	■	16	■	19	■	5	■	13
19	5	21	8	26	16	5	■	26	25	12	21	15
20	■	15	■	1	■	21	■	7	■	19	■	15
22	5	16	15	■	2	26	4	20	3	24	15	16

A B C̷ D E F G H I J K L M N O̷ P Q R̷ S T U V W X Y Z

1	2	3	4	5 O	6	7	8	9	10	11	12	13
14	15	16	17	18	19	20	21 R	22 C	23	24	25	26

10	19	23	10	21		8	13	16	1	14	17	24
21		16		12		21		14		19		21
13		11	23	19	5	21		17	19	6	21	9
13		21		26		8		21		20		16
1	20	23	19	8	26	24		8	13	19	26	8
26			12			21	14	1		8		19
19	9	23	21	21	17			25	26	21	19	20
	17		23		19	22	23	9				26
17	21	13	9	25	20	19		16	14	17	23	4
	26		7			23		8			19	
9	3	16	7	7		3	21	4	22	25	13	2
18				21	19	9	4		24		6	
1	20	17	16	20			21	12	16	23	21	9
19		23		9	17	19			7			19
11	24	19	15	16		6	13	1	7	7	23	4
11		9		10		13		20		1		16
23	16	8	24	21		21	12	16	8	9		20
L	I	T										
21		16		23		21		8		9		6
2	21	26	19	4	21	2		9	8	4	21	9

A B C D E F G H J̷ J K L̷ M N O P Q R S T̷ U V W X Y Z

1	2	3	4	5	6	7	8	9	10	11	12	13
							T					

14	15	16	17	18	19	20	21	22	23	24	25	26
		I							L			

26	14	25	20	8	1	7			6		1	
	25		25		8		20	6	16	26	12	19
7	16	12	13	25	2		25		18		16	
	16				2	25	3	3	12	16	3	7
14	6	15	25		7		12		17		25	
6			2	25	25	11	7		6	17	7	25
7	8	20	25		9		18		18			6
	16		3		25	2	25	17	14	6	16	18
13	12	16	9	2			20		9		8	
	4			1	8	7				19		
	8		6		12		6	21	21	12	10	
17	25	16	19	8	2	8	24		20		7	
23			22		6		25		12	23	18	6
18	23	21	8		18	12	19	25	7			7
	2		7		25		12		11(K)	25(E)	3(G)	7
5	12	7	18	25	20	12	6				12	
	13		12		6		18	5	25	2	13	25
11	25	16	16	25	2		25		3		25	
	7		3			6	7	18	23	8	16	19

A B C D E̶ F̶ G̶ H I J K̶ L M N O P Q R S T U V W X Y Z

1	2	3 G	4	5	6	7	8	9	10	11 K	12	13
14	15	16	17	18	19	20	21	22	23	24	25 E	26

15	3	8	1	18	7		22	7	16	1	1	23
23		11			18		18			3		3
3		12			22		4			5		17
13	3	9	16	9	3		16	24	17 **K**	16	24	12
12			10		3	2	24		12 **I**			11
16	22	21	18	4	9		15	16	9 **T**	12	11	26
	18			3				11			3	
	24		4	3	15	15	12	9	1		6	
16	24	1	3		3		11		13	12	18	25
	23		24	12	26	14	9	18	7		24	
9	16	10	12		8		18		16	2	18	25
	4		4	8	24	13	7	12	9		9	
	14			1				4			9	
1	18	12	19	18	1		15	18	1	14	18	25
9			3		18	26	3		12			12
16	11	26	3	7	16		4	16	7	6	18	25
7		8			2		17			16		25
6		7			16		18			15		24
18	20	8	12	9	23		25	12	15	13	24	18

A B C D E F G H ~~I~~ J ~~K~~ L M N O P Q R S ~~T~~ U V W X Y Z

| 1 | 2 | 3 | 4 | 5 | 6 | 7 | 8 | 9 **T** | 10 | 11 | 12 **I** | 13 |
| 14 | 15 | 16 | 17 **K** | 18 | 19 | 20 | 21 | 22 | 23 | 24 | 25 | 26 |

	16		8		23		10		25		
6	10	15	5		5	8	22	21	3	25	25
	18		16		16		25		7		3
16	15	20	17	7	23		16	14	14	7	23	21
	7				15		2		24		9
18	22	16	19	23		13	7	24	7	22	24	12
	21		16		16		13				16
16	23	24	14	3	20	7		23	9	16	1	7
			20		10		11		8		7
16	5 (P)	5	17	7	23		10	22	19	3	23	7
	8 (O)		7		7		16		17		
25	17 (L)	10	23	9		23	24	14	7	7	24	9
	3				20		1		14		16
23	24	7	5	21	3	24		10	23	10	14	5
	7		16		24		4				4
23	15	7	17	17	12		7	17	3	26	3	14
	16		17		24		14		17		22
	22	8	8	13	17	7	23		17	16	18	23
			14		7		7		23		23

A B C D E F G H I J K L̸ M N O̸ P̸ Q R S T U V W X Y Z

1	2	3	4	5 P	6	7	8 O	9	10	11	12	13
14	15	16	17 L	18	19	20	21	22	23	24	25	26

Grid:

	14	15	20	25	24	2	14		
21		1		23		16		18	
16	23	24	12	14	13		1	8	1	3
3		23		2		14	22	14		11		24
2	24	25	9	20	15		23	7	7 **F**	1	6	10
24		23		5		11		20 **U**			14
5		10	5	14	14	2		20	6 **N**	13	1	13
7	14	17				24		6		20
1			13	14	3	19	1	9	24	8	25	17
3		7		19		14		24		3		14
16	14	25	1	23	2	5	23	19	14			25
		14		9		14				24	1	25
3	1	12	2	16		13	23	3	14	3		23
20			1		10			4		18		11
15	23	25	2	14	6		9	20	5	24	2	14
19		23		8	20	3		24		6		13
	26	20	13	23		2	16	11	24	9	18
	2		6		20		18		14
	10	17	15	6	24	3	2		

A B C D E F̸ G H I J K L M N̸ O P Q R S T U̸ V W X Y Z

| 1 | 2 | 3 | 4 | 5 | 6 **N** | 7 **F** | 8 | 9 | 10 | 11 | 12 | 13 |
| 14 | 15 | 16 | 17 | 18 | 19 | 20 **U** | 21 | 22 | 23 | 24 | 25 | 26 |

20	5	17	1	24	10	13	10	13		23	8	10
2		25		13		10		17		5		24
21	15	12	24	17		17	18	2	3	15	24	9
15		12		11		20		5		1		10
17 A	11 N	24 T	2	21	15	10	1		16	9	17	13
11				15		7		6		10		
24	15	13	11	2	20		23	12	17	13	7	1
		10		5		23		5				8
26	2	5	24		22	12	11	7	13	12	15	1
10		17		22		22		25		19		24
17	11	4	2	10	24	8		2	3	17	6	10
11		10		17		10		1		24		3
1	17	7		14	10	13	16	9	2	10	25	1

A̶ B C D E F G H I J K L M N̶ O P Q R S T̶ U V W X Y Z

| 1 | 2 | 3 | 4 | 5 | 6 | 7 | 8 | 9 | 10 | 11 N | 12 | 13 |
| 14 | 15 | 16 | 17 A | 18 | 19 | 20 | 21 | 22 | 23 | 24 T | 25 | 26 |

18	11	1	8	15	4 **T**	■	24	8	14	13	23	1
2	■	21	■	17	8 **A**	22	2	3	■	23	■	9
25	8	10	4	23	14 **R**	■	4	21	1	26	23	4
2	■	2	■	7	■	■	■	13	■	17	■	6
10	8	3	6	2	14	■	4	17	21	2	12	2
4	14	11	■	18	2	26	23	4	■	14	8	13
■	15	■	■	■	12	■	19	■	■	■	3	■
16	23	8	■	1	2	5	9	15	■	15	9	16
9	1	14	2	8	3	■	2	8	15	21	2	14
3	■	16	■	4	■	■	■	6	■	13	■	2
13	1	23	6	21	10	■	15	26	23	1	13	2
2	■	9	■	12	23	7	2	3	■	2	■	22
18	8	14	20	2	1	■	13	2	1	4	3	11

A̸ B C D E F G H I J K L M N O P Q R̸ S̸ T̸ U V W X Y Z

1	2	3	4 **T**	5	6	7	8 **A**	9	10	11	12	13
14 **R**	15	16	17	18	19	20	21	22	23	24	25	26

17	15	8	8	14	11		12	14	4	4	14	5
15		24			15		24			24		2
7		11			11		19			19		8
15	16	16	15	23	17		19	15	8	8	21	22
22			14		15	5	21		14			2
25	14	11	18	15	26		4	2	8	13	15	18
	19			25				9			25	
	16		17	2	4	25	15	4	4		13	
12	22	21	21		15		22		14	1	21	10
	14		25	15	22	6	21	11	16		23	
15	8	2	8		3		19		22	2	16	21
	24		21	18	15	19	15	16	21		14	
	21			15				21			3	
15	25	3	21	22	16		4	15	9	26	21	22
23			1		17	2	21		21			24
22	2	1	1	21	22		8	15	1	4	21	25
							G	A	B			
2		21			14		15			2		25
11		15			12		23			23		21
11	20	24	14	22	16		26	2	22	6	21	22

~~A~~ ~~B~~ C D E F ~~G~~ H I J K L M N O P Q R S T U V W X Y Z

1	2	3	4	5	6	7	8	9	10	11	12	13
B							G					
14	15	16	17	18	19	20	21	22	23	24	25	26
	A											

2	4	9	5	3	■	22	5	15	17	1	5	■
11	■	7	■	5	■	4	■	16	■	4	■	7
21	7	7	■	15	7	21	1	22	17	10	5	3
10	■	21	■	22	■	10	■	17	■	24	■	5
8	4	10	24	5	3	■	23	7	11	7	16	10
17	■	■	■	1	■	17	■	■	■	22	■	■
1	4	10	24	17	5	10	■	6	4	10	17	8
■	■	11	■	24	■	7	■	4	■	■	■	4
12	4	8	8	■	17	21	1	22	7	13	5	10
17	■	1	■	19	■	5	■	25	■	4	■	10
5	26	18	4	16	10	24	10	■	4	8	24	7
8	■	■	■	4	■	22	■	5	■	5	■	■
3	4	22	5	3	■	17	2	14	17	24	5	3
■	■	5	■	■	■	15	■	24	■	■	■	5
20	17	20	24	18	10	■	22	18 (H)	11 (Y)	24 (T)	18	21
7	■	16	■	11	■	16	■	16	■	18	■	4
22	5	2	22	5	10	10	5	10	■	16	22	14
25	■	5	■	14	■	5	■	5	■	21	■	3
■	5	10	10	4	11	10	■	3	5	6	24	10

A B C D E F G ~~H~~ I J K L M N O P Q R S ~~T~~ U V W X ~~Y~~ Z

1	2	3	4	5	6	7	8	9	10	11 Y	12	13
14	15	16	17	18 H	19	20	21	22	23	24 T	25	26

Codeword grid:

20	24	19	13	9	13	3	25	■	8	14	11	17
17	■	13	■	13	■	19	■	■	24	■	7	
13	23	23	24	26	10	8	19	■	8	12	17	9
21	■	5	■	17	■	7	■	4	■	17	■	17
17	18	17	20	■	2	7	9	17	26	20	17	8
20	8	10	■	■	■	17	■	20	■	■	■	1
■	26	■	18	■	3	19	8	10	■	10	24	24
13	23	5	8	19	8	■	■	26	■	24	■	2
23	■	■	26	■	2	26 (R)	6 (G)	17 (E)	■	6	■	26
23	2	10	10	24	7	■	8	19	4	8	19	13
8	■	8	■	26	8	13	19	■	13	■	■	7
14	■	26	■	14	■	■	19	13	7	13	7	6
2	26	7	■	11	13	20	20	■	4	■	17	■
19	■	■	■	8	■	15	■	■	■	22	8	25
8	15	2	8	26	13	2	23	■	16	24	26	17
10	■	19	■	9	■	13	■	16	■	1	■	8
17	8	14	11	■	14	26	24	2	5	13	17	26
19	■	17	■	■	■	17	■	3	■	8	■	19
25	8	26	9	■	2	20	17	3	2	19	19	25

A B C D̶ E F G̶ H I J K L M N O P Q̶ R S T U V W X Y Z

1	2	3	4	5	6 = G	7	8	9	10	11	12	13
14	15	16	17 = E	18	19	20	21	22	23	24	25	26 = R

12	10	14	21	7	23		8	23	8	20	16	23
20		21		2		26		2		21		2
22	10	19		20	8	6	1	10		16	21	10
19		21	4	22		16		12	10	20		1
7	26	12		25	2	10	12	9		21	1	1
23		7				26				23		15
		26	3	23	12	20	26	1	21	23		
23		3		3		23		22		21		4
6	10	4	4	22	7		16	8	20	23	21	20
10				20				17				10
23	7	20	26	9	21		17	8	10	19	19	23
2		21		21		21		21		10		23
		23	22	18	26	12	26	7	22	20		
5		8 **U**				2				21		8
22	10	20 **R**		23	12	22	19	19		25	26	3
23		4 **G**	3	8		26		20	8	21		11
7	22	21		16	10	3	7	22		18	26	21
18		3		21		4		13		18		26
21	24	7	22	20	7		25	21	10	23	21	18

A B C D E F ~~G~~ H I J K L M N O P Q ~~R~~ S T ~~U~~ V W X Y Z

1	2	3	4 **G**	5	6	7	8 **U**	9	10	11	12	13
14	15	16	17	18	19	20 **R**	21	22	23	24	25	26

Codeword grid (■ = filled/black square):

6	22	23	7	23	■	12	19	22	9	24	11	17
26	■	10	■	10	■	23	■	5	■	15	■	26
16	■	11	4	26	12	23	■	25	4	9	2	23
3	■	23	■	4	■	12	■	26	■	19	■	24
9	5	4	26	12	14	17	■	5	22	5	8	26
6	■	■	24	■	23	26	12	■	23	■	■	12
12	15	24	26	12	15 (O)	■	■	19	26	3	22	15
■	14	■	18	■	11 (P)	26	14	20	■	■	■	22
26	14	14	23	11	12 (T)	6	■	24	22	10	23	3
■	9	■	■	19	■	22	■	26	■	■	8	■
13	19	26	7	15	■	3	23	5	9	3	23	6
26	■	■	■	1	19	23	16	■	7	■	14	■
19	22	6	23	19	■	■	23	21	9	26	12	23
5	■	12	■	26	16	23	■	■	4	■	■	20
26	4	26	19	24	■	1	22	19	26	25	25	23
14	■	9	■	24	■	19	■	26	■	4	■	13
4	9	5	1	23	■	23	4	22	3	23	■	26
23	■	14	■	19	■	12	■	5	■	14	■	4
6	14	17	22	6	24	6	■	20	15	2	23	4

A B C D E F G H I J K L M N Ø Ø Q R S Ø U V W X Y Z

1	2	3	4	5	6	7	8	9	10	11 P	12 T	13
14	15 O	16	17	18	19	20	21	22	23	24	25	26

1
```
UNLOCK AZALEA
N O  OSE  I   R
WIG  REHAB  MAR
A  I   G   R B A
RECRIMINATORY
Y   A  V  O    S
  HUNDREDFOLD
V  S  E  LU  I S
EXEMPT ACCEPT
R   A   H    R
SEVERS ASHORE
E I T  N I W  W
  PENSIONABLE
S   O  X  I    C
PREDOMINANTLY
E M U  O M W  G
EBB SQUIB INN
D E T S L N  E
SADISM REJECT
```

2
```
  P  O  C  C  O
WRAP HALIBUT
 E A  U  O J E
ASYLUM STEAMY
 I    S U C P
ADOPT PRATTLE
 E L B E    A
ESTATES SLATS
   Q A O I  E
ABOUND UNMASK
 L E S G P
GEESE WHEEZES
 M B T T X
MILKMAN USUAL
 S I B S   M
WHOLLY WEEVIL
 E L S A A N
DIETARY REEF
 R T S N S
```

3
```
OUTLAY IMPURE
F R R K I N  P
FLU ODIUM TOO
I S M N I I  N
NOSTALGICALLY
G  E  P  F   M
 ELASTICATED
A O Q N L Y  A
FITFUL OGRESS
F  E  E  E   K
INSTEP ABLAZE
X I Z A R I  W
 UNREACHABLE
J  U  E  O   R
INDESCRIBABLE
G I L B U E  W
GAG ALIBI VIA
E I K C L E  R
RATHER STOLID
```

4
```
TIGERS FORCES
A O A D B L  A
BRIEF I EQUAL
L N TASTY N  U
EDGES C SIGHT
T L JOB G   E
 ZEBRA INLAY
A O MUG O   P
FLOWN N SOBER
F U EXIST R  I
ANGER T ROOMS
I H V Y A O  O
RATHER SPOKEN
```

5
```
SPUD M S CASH
 L EQUATOR H
HALF S R AJAR
 T E TIE N M
HEARSE STEEPS
 A  PROSE  O
NUB E X L POD
A RACKETEER U
TEA I N P OWN
U VIAL WHET G
RUE L F O EYE
A SHILLINGS O
LET S O I TON
A  TREES   U
DROWSE STOATS
 N H SIT W S
LILO T A IRIS
 N SWEETEN Z
OGLE D E GREY
```

6
```
QUIXOTIC EYES
U N C  O J   P
A T ETIQUETTE
CORAL U C   E
K U O ZEST  D
SEDATE T STEW
 E LOTH H   A
STROVE I FRAY
A W COS O
GARNET HUBBUB
 E ION O   U
INNS O EMBEDS
N A INKS   N
TALC E SOUSED
R LEEK P H  R
E  E R EYRIE
PTARMIGAN I A
I  G N  E N M
DEFY GRADIENT
```

7

	B		S	U	C	C	U	M	B		C
B	E	T	A			N			A	V	O	W
	Z		L	O	B	B	I	E	S		Y
H	I	K	E		A		T		I		P
Q		S		R		S	I	N	F	U	L
U		G	R	O	W		M		O		A
S	E	M	I		N		W	A	R	R	E	N
N		R		E		M		A		D	
A	B	I	L	I	T	I	E	S		G	A	S
P		N		C		X		E		C	
P	U	T		D	Y	S	P	E	P	S	I	A
I		E		I		L		Y		P	
E	G	R	E	T	S		O		R	I	C	E
S		I		T		O	R	C	A		A
T	E	M	P	O	S		E		M		J
X		A		L		R		I	R	O	N
I		T	R	U	S	S	E	D		L	
O	T	I	C		M			A	W	E	D
S		H	O	P	E	F	U	L		S	

8

EXPEL OUTFLOW
GRADUAL NAMED
LOTH REJECTED
ACCIDENT EBB
FROZE TREASON
AFFRAYS RHYME
ERA TENDENCY
ENDORSES OVAL
UNDUE BURBLED
PLYWOOD PAYER

9

JEWELLERY S E
WHOM
FINGERTIP
ARIA
DOOM
UNFIT C INLET
OVERT
CURIO A TASTE
LINK
SINK
FLOODGATE
EYED
ZOOKEEPER

10

SHRUGGED TURF
MEASURING
SQUAB
SPAN
AERATE P TAXI
LOOP
JOSTLE I PANG
CON
MARMOT TIMELY
ICE
VEIN O DETECT
ANIL
REEF E YACHTS
AWED
OGLED
ABSTAINER
EKED GAUDIEST

11

RACKS HOPEFUL
BLAZING TRUNK
TUSK OBJECTED
ACQUAINT ERA
HASPS GREASED
PUMMELS STYLE
DUO PEDALLED
SWERVING HERO
RATIO CHIRPED
SKYWARD GASSY

12

SQUASH AFIELD
FLU ALOHA TIC
SPASMODICALLY
INESTIMABLY
DUBBIN SMUGLY
FUNGUS ENJOIN
OBLITERATED
HUMILIATINGLY
ELK ASPIC VET
YORKER ERASER

13

```
E X C E P T   R E V A M P
F O   S   W T   V   A
F I B   A W A S H   A M P
I   R L   S I   I   A
G R A M M A T I C A L L Y
Y   O   R   F     A
  P R O B L E M A T I C
A   Y I   L N   M J
B R E E Z E   S T A P L E
O   A     I       R
V O T A R Y   S Q U A W K
E   E R   H U   R   Y
  M A L E V O L E N C E
D   E   R     U   E
E Q U E S T R I A N I S M
C   N   K I C   N   I
K I D   U N F I T   E G G
E   U   L Y   O   R R
D E E P L Y   W R I T H E
```

14

```
  P   H S   D   A
A R I A   T R I M M E R
  O   L O   S   P   E
A D J O I N   S T E E P S
  U     Y   E   R   R
A C T E D   A N G E L I C
  T   Q   W T     S
E S T U A R Y   S C R A M
    A   I   S O   L
S P I T E S   P U N I S H
  A   E T   A   C
A C I D S   I N D E X E S
  K     A K D   T
S H O V E L S   R E A C H
  O   E G C     H
F R I E Z E   L E N T I L
  S   R B   A   A   N
E Y E B R O W   B A G S
    D   A S   S   S
```

15

```
C H I N T Z   G R A V E L
E   O   I L L   D     E
R   S W I G   I C O N   W
E M U   Z   B   I V Y
A   P   F A U L T   C   E
L A P D O G   Y O R K E R
    E   X D N   E
O A R   E   R I   L E E
A   A D J U N C T   S
K I W I   M     I R I S
U   R U M M A G E   A
M O B   N E R   C O Y
  A   Z R A H
F U L F I L   S P E E C H
A   S   P U N C H   Q A
T E A   S   U   U R N
H   M E L T   L O D E D
O   G   R I P   U   L
M A N G L E   T O G G L E
```

16

```
A B F   S P A   P
S Q U E L C H   D W E L L
K L A   I J L   A
A B B E Y   F R O G M A N
N A   T I E D
C H O R D S   I N S T I L
E V E W   A A   A
  H E R N I A   A W A R D
F R S L   N B   I
O A F   I N L E T   O D E
R E T   A E L S
M U D D Y   B A N D I T
L U Y N S O
E V A D E D   G A T H E R
S N X P   H   P
S I N C E R E   M Y R R H
L U R   A A A A
Y E A S T   C I T I Z E N
  L S U E   S E   S
```

17

```
D I S H   S O F A   C U P
I A R P   W H   U
S U B J E C T   F L A I R
P L P S U N C
O V E R L Y   F L I N C H
S A I   E A
I V O R Y   N I B B L E S
N R T A E
G L A Z I E R   C I G A R
L N U O A
D E S K S   D Y N A M I C
I E D E U
V I S I T O R   M I S E R
E Q S U I
S T U B B Y   S T U C C O
T E U C U H U
I T E M S   H O A X E R S
N Z H A L A L
G U Y   Y A R N   S T A Y
```

18

```
  S A X O P H O N E
H F F   A   Y K
R E B O O T   Z O M B I E
R O E   E   P L
C O A T I N G   T H R O W
A N R R   A R
P U G   E Q U A L   B O O
E E   N I   B N
D O L L Y   T A T T I N G
V I L   S A O
J A U N T Y   T I L I N G
L E R E O E
  E N D E A R I N G
```

19

```
UPTOWN  SCRUFF
N O   I I   Y   N L
VEX DEMON   ICE
E  I  E P  I  O X
INCANDESCENCE
L   I   R   A   S
  UNMITIGATED
S  E  N  L  N L
QUESTS  STIFLE
U    R    E    A
ABACUS  ENJOYS
D  R  D  I  N  I H
  IMPERMEABLE
Z   A   P   A   C
EXTRAVAGANTLY
R  I  C  L  W  A G
OPT HYENA   URN
E  H  E  S  K  N E
DREADS  SEPTET
```

20

```
 O  E  A  A  S  U
SUFFICES   MINK
 T  F  T  S  O  J
BLURTS  EXODUS
 A  O    N  T  S
HYMN HATCHETS
O  T  A  S  E
ENDEMIC  ADEPT
 Y  R  R  S    Y
FLAYED  PANELS
 O    O  O  U  O
SNOWS  ROARING
  E  A  K  S    I
SENSIBLY  EVEN
 V  T  S    M  Q
GAZEBO  PLAQUE
 D  R  R  A  I  A
HEWN  BACKDATE
 S  S  S  K  S  E
```

21

```
EQUIPPED  DIVA
X  R  R  J    G U
CYCLONES  FLAT
E  H  W  C  A  O O
EMIR  STUBBORN
DUN    O  A    O
  C  S  URNS  HAM
CHOKER    H  U O
O  I  GAME  M  U
NIPPLE  ADAPTS
T  A  ODES  W    L
E  C  T  TURKEY
MAY ILLS   Y  X
P    O  U    RIG
TRAINERS  BETA
I  L  S  C  W  D N
BLIP  WHEEZING
L  V    E  A    L
EWES  BRUTALLY
```

22

```
 S   MOTIF    V
LASSO  A  OUZEL
 F  WORKERS   L
LAVA    E   UGLY
 R  M  ARM  A  U
DIPPER  APLOMB
E  E  DON    V  A
BUREAU  UNSEEN
U  M    O  F   R J
NEE  PUPAE   TOO
K  A    S  C   U I
INBORN  THORNS
N  L   EMU   N  T
GREBES  RINSES
U  U  SHE   E   X
HELM    O   IOTA
 F  PIQUING   R
QUEST  N  AHEAD
 L    SEDAN   S
```

23

```
 J  F  I  A  E  B
BIPLANES  MAUL
 L  A  C  S  U  Z
STENCH  ABLAZE
 E  N    U  S  E
IDLE  COLLIERY
L    L  O  T  O
KEELING  KNIFE
 B  E  V  S    E
VOODOO  EARWIG
 N    Y  Q  E  G
TYPED  SURFING
   X  A  I  L   E
HENCHMAN  EXAM
  L  I  B    C  T
PORTAL  PETITE
 P  I  E  A  O  I
LEAN  REDBRICK
 S  G  S  S  S  S
```

24

```
ADDICTED  WITH
 D  A  A    I  O U
 J  N  MIDSTREAM
OLDIE    I  K    A
 I  R  R  KNEE  N
NOUGAT  C  RAZE
  F    RELY  V  L
RAFFIA  I  ZANY
Y    A  NUN    I
EXODUS  AMULET
  F    FIT  S  A
MOTH  O  ICEBOX
I  E  BRIO    A
SAND  M  NEUTER
Q    EXAM  A  H E
U    G  T  STROP
OVERSIGHT   O  N
T    E  O  E  B  N
ELSE  NUTRIENT
```

25

```
F E B   J T   Q   B
E X C L U S I V E   U S E
E H   L   N A   A   R
B O O T L E G   T R Y S T
L     D L     S   H
E L F   O V E R P A I D
  O   Z     A   D
  U L T E R I O R   E B B
B   K     M A     R
A L L O W   P A N C A K E
L O   A   O O   G   A
M A R   F I S H I N E S S
Y   E   T E   D D   T
```

26

```
A C E S   C B   S E E D
H   P R O J E C T   Q
Z E R O   A G   A B U T
V O   R A G   N A
G R A N T S   A U D I T S
O   Y E A R N   O
I N N   P G S   A R C
N   E Y E L A S H E S   O
T A G   C R A   S O N
E   L E A F   O K R A   V
N E E   S I E   I C E
D   C A T E R W A U L   R
S E T   I K B   S O T
X   N A S A L   P
B E N I G N   M E D L E Y
C M   N I B   O N
P U P A   U U   W A I L
T   G R A S S E D   N
C E D E   L H   Y O G A
```

27

```
A S T H M A   A B A T E S
G   O   C D   O O
E   W   C V   G U
N U N C I O   E S S A Y S
D   U   S I R   H   E
A B L E S T   B E Y O N D
I   P     R   O
S   C A L I B R E   S
T H E E   O O   J O T S
O   D E F E N C E   A
A P S E   T G   C A L F
R   D I S T O R T   G
I   M     Y   I
S C A L P S   P E D L A R
A   I   P A R   E   A
V O O D O O   I N W A R D
A   N   K Z   N   I
N   Y   E E   T   U
T A X M A N   S Q U I R M
```

28

```
U N F I T   H A Z A R D S
P O   H U E   B   I
D I   O   A N C H O V Y
A   S Q U I D   O   A
T U T U   S H O R I N G
E   I   E N C   O
  J   F L U T E S   E R
G O L F   S   T O D D Y
V   H E N N A   E
V I O L A   G L O V E
A   N U R S E   I
C L A N K   E   A R C H
L   L   E M B A L M   E
U   T   R E   E   S
B R O W S E D   N E X T
E   H   R O W D Y   O
M E M E N T O   I R   K
  D L   O A R   I   E
S Y M P T O M   Y I E L D
```

29

```
E Y E B R O W S   B E A U
Q   X   O O   A   N
U N C O V E R S   A G E D
I   E   E R S   E   O
T Y P E   H I S T O R I C
Y E T     E A     U
  L   A   C R A M   D A M
C L U T C H   I A   E
O   O   I C O N   T N
N O R M A L   V A C A N T
V   O   G L U E   O   E
U   U   I   R E W A R D
L A X   L I F T   L   A
S   I   I E   J I G
I R R I T A T E   F U L L
V A   Y   C S   N   I
E R R S   S H R I E K E D
L E     E   Z   E E
Y A R D   A S B E S T O S
```

30

```
B O D I E S   M A L L O W
E   I   Q   I   O   A
H   N   U   S   C   G
A N G O R A   H O M I N G
L   U   B O A   A   L
F I B R E S   P O R T L Y
M   A   R   U
P   C R E V I C E   M
T O F U   R M   N I B S
L   B A R M A I D   E
K I W I   O G   E U R O
T   C A R L O A D   I
I   P   S   N
S C A N T Y   W H I N G E
T   I   E K E   C   N
A Z A L E A   E J E C T S
R X   R   K   O   U
V   L   L   L   V   E
E V E N L Y   Y O K E L S
```

31

```
P O L Y P S   G A L L O P
O   O   T H E   A   A   R
W   G U R U   N E X T   R
E M U   M   T   I N K
R   N   O P A L S   G   A
S U N D R Y   E T C H E S
    E   G   E   R   T
S O D   A   X   U   S H E
T   A N T H E M S   Q
A V O W   A     T O F U
M   L U L L A B Y   I
P U G   N   E   R   C U P
R   F   D   O   O
I T A L I C   O O Z I N G
N   N   T H I C K   L   A
J I G   A   C   E L M
U   E A R N   U S E D   M
R   I   C A P   G   O
Y E A R L Y   Y E O M E N
```

32

```
  A C Q U I T T E D
Z U N I   I   A   F
L E A S E D   C A S T E S
N   T   O   T   E
B I R O   E X H I B I T S
  T   M   S   A   O
S H O A L   A B D U C T S
  R   S   I   N   R
P L A Y S U I T   D R A W
A   C   U     I
U S E D   H E A R T E N S
S   E   L   L   R
M O O N L I T   V A U L T
O   K   D   V   O
S E C U R E L Y   E G G S
A   N   N   L   J
A C A C I A   A F L O A T
H   E   P   M   E   M
  A S T E R O I D S
```

33

```
C O M P L A I N   B A L M
A   A   U   A   R   U
R   R   S P I N N A K E R
T R A C T   O   Z   M
E   U   R   S T Y E   U
L O D G E D   E   S E A R
E   I T C H   Q   E
J U R I E S   H   Q U A D
A   N   C O N   A
W E A N E R   O X A L I S
  L   I L L   I   U
B U O Y   M   O C T A V E
A   O   S I N G   D
L U F F   N   Y A C H T S
A   R E A P   G   E   A
N   E   T   L I S P S
C A T A L O G U E   I   H
E   K   R   A   O   A
D E W Y   Y E O M A N R Y
```

34

```
P A T C H   R A K I S H
O   H   O O O   W   U
L E E   S Q U E A L E R S
E   F   P   T   L R   E
C I T R I C   W A I V E D
A   T   L     E
T O R N A D O   F U S E D
  A   L   G   L   U
T A M E   C I T I Z E N S
U   P J   S   P N   T
S U S P E C T S   S T A Y
K   T   I   U   E
S T E W S   C E N T R E S
  X   S   B   A
C A P T O R   O I L C A N
O E   B S   A A   D
P E R M E A T E S   C U B
Y T   S E   E T   A
A S L E E P   D O I N G
```

35

```
B R A V O   W I D T H S
A   B   F O O   E   A
T A B   F O R E W A R N S
H   O   S   K N A   K
T E T C H Y   C Y C L E S
U   O   E   D
B A L L O T S   W A S T E
  I   T T   O   A
G E M S   K I L L J O Y S
E I   F M   F U   E
E X T E R N A L   S T U D
S   E   T   D   E
E N S U E   E P I G R A M
Q   S   S   E
C O U G A R   S P I R A L
O E   L U   O A   L
T R E A T I S E S   B O O
S Z   O E   E B   W
L E A S E S   D R I P S
```

36

```
M I S H A P   G R E E D Y
O   U   I C E   R   E
S   O M E N   N E A R   A
A S S   I   T   E R R
I   P   K N E L T   V   L
C A R I N G   E U L O G Y
E   A   O   N   L
S H Y   V   B   I   T A B
Q   H E M L O C K   A
U N D O   I   I C O N
I   P U N G E N T   J
B O O   P   E   O   W O O
  F   P   S   B   H
H U F F E D   O L D E S T
A   I   D U N C E   E   A
S O N   B   C   Z I P
L   G A R B   U G L Y   P
E   R   I M P   O   E
T A X M A N   Y A W N E D
```

37

```
  T H A W   T Y P E S   F
Z   O   A G O   E   H   E
A V A I L   P E R K I E R
P   X   T   P   J   F   A
P R E T Z E L   U N T I L
E   R       E   R     L
D O S I N G   K E T T L E
V     E   B       W   Y
B A S T E   A C Q U I R E
O   H   D   L   U   N   L
W A R B L E S   A N K L E
E   U   E   A R K   L   T
L   B E S O M   E V E N
```

38

```
P   D   J   A U K   S
R A I S I N S   N E A R S
O   V   B   S   O   F   W
D R A W S   E N C L A V E
U   A   T   K   R   A
C L I N G S   A S S I S T
E   C   R   S   K     S
    D E C A N T   P I T C H
F   B   S   A L   I     I
E W E   P A N D A   M A R
V   R   E   Z   T   P   T
E D G E D   A P E M A N
R   M   S   A   N   R
I N D U C E   N U B I L E
S   O   R   S   O     L
H A R V E S T   M O C H A
L   M   E   A   U   R   P
Y I E L D   M O S Q U E S
    R   S O P   H   X   E
```

39

```
  B   F L I C K E D   J
D I V A     N   O P U S
  Z   L O T T E R Y   I
J A B S   E   E   E   C
R   I   L   L I N K E D
R   F L E W   D   E   I
S E M I   P   C L A S P S
O   E   H   E   T   O
B L O S S O M E D   R U B
R   V   T   A   E   E
I C E   H O R S E P L A Y
Q   R   A   T   U   E
U N A B L E   E   B I R D
E   R   V   O R A L   L
T E M P E R   N   I   L
  T   A   E   E   S W A G
  H   R E B I R T H   X
D I S C   E     E W E R
  C   H O L S T E R   S
```

40

```
E X C E L   F A C T I O N
N   H   O   L   A   N   O
C L I Q U E Y   V E E R S
O   C   D   A   X   E
R A K E   R E P L A C E D
E   E   O   R   R   U
  S N O B B E R Y   S O P
C   J   C   A   O
L A P S E   T E N A B L E
O   R   C   A   L   T
S W E A T E D   M A Y O R
E   S   E   I     Y
D O E   A B S I N T H E
  N   M K   G   A   E
B O T A N I S T   A N O N
E   A   E   H   D   Z
L O B E S   B R I E F L Y
O   L   I   U   G   U   M
W A Y L A Y S   H A L V E
```

41

```
W A S P S   S Q U A L L S
I   I   O   I   N   O   V
P I L L B O X   E L O P E
E   K   E   A   L   L
R E W A R D S   T A C I T
S   O   I   E   A   E
  A R R E S T I N G L Y
Z   M   J   E     E   B
E N S U E   S P A N N E R
A   C     M   D   I
L I M I T   C H A R A D E
O   A   E   O   Z   R   F
T I R A D E S   E A S E S
```

42

```
J A B S   M   B   S O P S
N   P R E T E X T   A
S T I R   R   R   I N N S
E   E   I C E   L   A
U N S E E N   T R E N C H
N   N O I S E     E
O A R   F   T   V   S A P
M   E L O P E M E N T   I
N O D   R   M   A   A I L
I   R I C K   S L U R   G
B O A   E   K   I   T O R
U   F R A T E R N A L   I
S A T   B   R   G   E L M
Z   L A B E L     A
H A N D E D   C Y N I C S
  L   R   O W L   A   Q
B E A U   R   A   N O U N
A   M A N S I O N   E
A S K S   S   R   Y A R N
```

43

```
P R I Z E . M A S O N I C
L . N . B . I . E . O . O
E . C U B E S . N O T E S
C . U . E . U . S . C . T
T I R A D E S . E T H Y L
R . D . . E E L . E . I
A D J O I N . E N S U E
E . B . O A F S . . S
A C C E P T S . S M E L T
. O . L . I . L . E
E R I C A . D A Y T I M E
S . . I B E X . H . O
P E C A N . E Q U I N E
I . L . T H E . G . N
O K A P I . G A S S I N G
N . S . V . O . I . I
A I S L E . I O N I C
G . I . L . S . E . E
E N C R Y P T . W I S P S
```

44

```
K E E P E R . V A C U U M
. G . E . O . I . A . R
O W L . A G E . N U N
. V A N . W H O
D A I S . Z . O P A L
O . C H I E F L Y . A
A P T . E . B . E . H I T
D E I G N . R . D I A R Y
J . T . W A N . S . R
U S U R E R . A S T H M A
D . L . Y A P . I . N
G R A S S . L . M A S O N
E A R . H . L . O . H A Y
F . B R E A D T H . S
T H E E . Y . T U F T
. A D D . G E M
F I T . A X E . P U B
L . E D . R . E . O
Q U A R T O . M I D W A Y
```

45

```
. A . I . S . E . A . J
C L E N C H E S . T O O K
. B . F . O . Q . Y . K
W I Z A R D . U N P A I D
. N . T . I . I . N
T O F U . B I R D C A G E
A . A . R . E . A
P A R T I A L . F L A S K
C . E . S . F . T
S H A D E S . L O A V E S
E . Y . I . G . A
A S K E D . S M U G G L E
X . S . S . R . L
P U P P E T R Y . E X A M
N . L . A . S . N
P L I A N T . F O S S I L
O . I . A . O . M
S C A N . O U T B R E A K
K . S . N . E . S . L
```

46

```
B A R Q U E . A F R A I D
I . O . M . S . A . L . E
S O W . B L E A K . I C E
E . A . E . R . E . B . P
C O N T R O V E R S I A L
T . E . I . I . U . Y
. G H A S T L I N E S S
S . O . U . E . O . A . B
C R E E P Y . A V O W A L
A . R . E . E . I
R E F L E X . F L I G H T
P . E . M . Z . L . E . Z
R E C O V E R A B L E
A . O . S . I . O
R E V O L U T I O N A R Y
D . O . A . F . U . W . S
E A T . R O U S T . A F T
N . E . V . L . D . I . E
T H R E A D . J O T T E R
```

47

```
L O B S . Z O O M . T U B
I . A . J . U . Y . I . L
M O S Q U E S . T E M P O
E . I . R . T . H . P . O
S A L L O W . I S L A N D
T . R . C . . N . S
O G R E S . R O G U I S H
N . I . O . L . . E
E X P E R T S . O W N E D
. E . O . S . W . A
L A R V A . F I S S I O N
O . O . C . I . L . E
L U R C H E R . P A S T A
L . E . E . E . T
O L D E S T . I N T A K E
P . R . I . U . C . D . N
I M A G E . S T I M U L I
N . W . V . E . L . L . N
G U N . E N D S . S T A G
```

48

```
. M I D W I F E
. Q . M . A . L . U
J U M P E R . O K R A
S . I . O . P R O . G . B
A C C R U E . A R T E R Y
V . K . N . G . U . T
A . E N D O W . A B O V E
N U N . A . T . U
N . E N O R M O U S L Y
A . U . A . R . L . T . U
H O S P I T A B L Y . L
. E . V . N . C U E
O L D I E . T O O T H . T
C . M . B . X . A . I
H E L P E R . R I F L E D
E . O . D A D . D . I . E
G U R U . A P I E C E
. D . C . Z . S . E
. L E V E R E T
```

49

```
  S E P   A B   J
S C U T T L E S   A V O W
  O   H A   C N   I
F R E N Z Y   R E I G N S
  C   I     I S   E
C H I C   M O B S T E R S
A   A   E   E   E
B E L L O W S   P R A M S
  E   L   I L     O
C R A Y O N   I N F L U X
  I     G   Q A   R
B E A K S   H U R L I N G
    I   T O   S   I
L E C T U R E R   E V E N
  X   C A     H D
I T C H E D   V I O L I N
  O E   E O   O   T
G L E N   R A I N D R O P
  S   S   S D   S R
```

50

```
S T U D I O   D E P L O Y
U   U   F O E   E     A
P   W O L F   F L A B   W
E G O   C   I     O W N
R   O   D U E L S   T   E
B U F F E T   E T C H E D
    E   M   C O   E
S I R   U O   I     R Y E
Q   G R I M A C E     J
U L N A   M     V A L E
A   S C O U R G E     C
D I P   O T E   S A T
    A   M E   A T
P E L V I C   B R E E Z E
A   I   C H A O S   A N
U R N   U   X     D I M
N   G O W N   I N K Y   I
C   A   K E N   E     T
H O C K E Y   G I G G L Y
```

51

```
B S       J F       R
A J A R   M A G A Z I N E
L U   R G S   M   S
L A C K E Y S   C O P S E
G E   S   I   A   R
I M P E T U O U S   R E V
R A   O   A   T T   E
L O N E R   R E S C I N D
  D   E S     A   L
D E S I R E   T R I L B Y
I   T   F   E     A
S C R A P E R   C L A N K
Q A   R E O   V I
U R N   E X T O R T I O N
A G   S   D   A   G
L E E R S   W H E T T E D
I R   I   R   I O
F A S T N E S S   R O A M
Y     G   E     N S
```

52

```
  F   I T A   F C
W R E N C H E D   L O A M
  E F A   J A   R
F E R R E T   O R G A N
  Z A C   I     A
P E A R   H O N E S T L Y
  E           E
H E A D B A N D   V I S A
X   S     E E   Q
  P I V O T   V E R S U S
A O   U   I   E A
K N O T   T A C T L E S S
D E   E   E   Y H
```

53

```
P   S E P I A     S
R I N S E   A   M I N T Y
  Q   W A L L O P S   I
J U D O   E   L I F T
  E R   I R E   E   L
S T R E W N   M A S H E S
W E   T A P   A   W
A L P I N E   O R A N G E
L U   R W   D   L
L A G   U P P E D   L O T
O N   O   R   E E
W E A V E S   M E M B E R
E N   I C E   A   E
D E T A I N   N E A R E D
Y Z   G O T   D   L
B E A U   A   A X I S
I   R E E K I N G   X
I N F E R   U   E E R I E
G     A D M I T     R
```

54

```
B L I T Z E D   S T O P S
  O R   N A   U   A
S O F A   V I C I N I T Y
  S   N   Y T   N   R
M E S S Y   D E V E L O P
    I   S D   L   L
S C H E M E S   F L A S H
  A N   N   H   E
S M U T   S W I N D L E S
E     O   D     X
C O N S E R V E   B A T H
    E   S O   E   O
W A R M S   Q U I C K L Y
  D   B O   T   K
I M P L O D E   J O K E S
  I A   D U   N   V
T R U N D L E S   I B I S
  E C   Y E   N   C
A S H E S   F R I G A T E
```

55

```
S P R A N G   V I P E R S
  I   P   R   I   L   A
G E L   A D S   U R N
    O H M   A R C
  A C M E   Z   E K E S
Q   B R I E F L Y   O
C U B   D   B   I   M A C
H A R K S   R   C O Y P U
R   I   F A T   R   P
O N S I D E   E X O T I C
N   K   Y E N   L   A
I N L E T   X   B R E A K
C O Y   U   I   H   S E E
  D   F R E T S A W   O
S N O B   S   J O I N
    L O P   F I R
K I D   O W L   K E Y
O   E   E   A   E   E
D I A D E M   W I D O W S
```

56

```
U   A   R   S   J   F
N E G L E C T F U L L Y
D   E   L   R   K   A F
O R I G A M I   E R R O R
  S   X   V   B   E   E
J A M B   B E H O L D E N
A   U   X   Z
C R E E P I N G   Q U A Y
K   N   F   O   B   N
E N T E R   U S E L E S S
D   I O G L   A   O
  S C A N D A L O U S L Y
  E   T   T   W   E   A
```

57

```
S N O W S H O E   I N K S
U   B   T   L M   U
R   S   R E S E M B L E D
F R O Z E   C   I   D
E   L   A   S T A B   E
D R E A M T   I   E A R N
  T   R O O K   Z   L
A G E N D A   N   J U R Y
X   O   N E E   R
E X U D E S   E A T E R Y
N   P A R   I   E
I R I S   O   I T C H E S
N   T   B R A N   O
E W E R   T   G E I S H A
Q   E X A M   V   R
U   B   T   A S P I C
I M M U N I S E D   I   H
T   K   O   E   P   E
Y O K E   N E E D L E S S
```

58

```
M A Z E S   C R O U P
O   E   E   H   U   U
J U M B L E   A B S U R D
T   R   P A R   T   S
S H O A L S   M O S Q U E
E   I   R   E
D I V E R   L E V E R
H   E   E Y E   E   T
A C O R N S   A I R W A Y
R   R   U   K   A   R
S E X U A L   I N N A T E
H   C   T A N   D   S
T H A W S   G R A F T
U   A   Y   W
I M P A R T   C E R E A L
B   R   E R R   U N
A L P I N E   A L L E G E
E   S   M   Z   E   E
D E E M S   E A S E D
```

59

```
D A S H   S O Y A   P I P
E   T   J X   X E   A
M A R Q U E E   L A R K S
A   A R   N   E T   S
N A P K I N   A S S U M E
D   E   S   R   N
I D E A S   W A S H B A G
N L   I   H   E
G L A D D E N   A L T E R
  T   O D   N   A
H E E L S   L I K E N E D
A   E E   E   K   I
P L U N D E R   M A S O N
H   N   S   O   O
A B B E S S   B R I E F S
Z O   T   S T   V A
A C U T E   C H A T E A U
R   N A   U   L N   R
D I D   L I M E   U S E S
```

60

```
P I M I E N T O   K I N D
A   A Q   V   I   O
M   N   U P S E T T I N G
P L A Z A   R   S   G
E C T   E P I C   E
R E L I E F   O   H E A R
E   R O W S   P   E
F A S C I A   E   H O W L
E   O   T A R   C
W H E N C E   I N C H E D
L   R A N   U   Y
E B B S   N   G Y R A T E
X   O   V I A L   P
C O W L   S   Y E L P E D
E   A J A R   R   R W
L   Z   T   A W O K E
L I T I G I O U S   V   L
E   N O   E   E   L
D I N G   N E U R O S I S
```

61

```
  G R E P A    
T R I O   B O R E D O M
  A   T B   O R   A
U P T A K E   B L I N D S
  P   D   L F   R
F L O S S   C E R T A I N
  E   Q V   M     G
A S S U M E D   S W E A T
      A X   S A   L
T W E L V E   W H I L S T
  O   L S   A   T
T R Y S T   I N J E C T S
  K     S S   R R
T H R U S T S   A S T E R
  O   N U   B     A
C R A Z E D   O R B I T S
  S I I   S U   I
  E M P L O Y S   C O S T
    S S   Y   K E
```

62

```
I N F L O W   A B L A Z E
D   I K N   H   R   Q
I N N   A R O M A   G N U
O   A   P M   J O   A
M U L T I N A T I O N A L
S   U   D     R     S
  C O N C E I V A B L Y
O   U   O C   L   I   A
D E T E C T   A G R E E S
I     H       E     K
U N S O L D   A B R A D E
M   P E P   R   R   W D
  F A N A T I C A L L Y
S   E   T     E     S
I M P E R C E P T I B L Y
C   A   E O   O     R N
K E G   C H U R N   E A T
L   E   T S   A     A A
Y A R R O W   C L I M A X
```

63

```
S P E A K E R   S C A M P
  R N D K A   A     O
K I N G   G L I M M E R S
  Z U   Y   L E   T
R E J I G   J O U R N A L
  S   I   S A   L
E T C H I N G   A M I S S
  O E   S U   E
A X E D   P E N K N I F E
  I   E T   T
S C R E E C H Y   R E A P
    N   T I   E   I
B R A V E   A N I M A L S
  E   I J   G   I
B R U S Q U E   S N O W Y
  O   A R   U   D H
O U T G R O W N   I B I S
  T   E R   D N   S
B E A S T   D O U G H T Y
```

64

```
B A N J O   T R I U M P H
O   E F E   R   A   U
U   R I F L E   R E R A N
Q   V   E T   E   I D
U N E A R T H   F I N E R
E   L   E M U   E E
T I L L E R   T I R E D
  M O   A L G A     T
C A N T A T A   B O O T H
  G   B T L   L
T O W N S   H A Y R I C K
H     T E S T   A K
R E F E R   E X C E S S
E   A   A X E   E     I
S O N I C   S A N D B A G
H   T   T   S O   A   N
O K A P I   A L I B I
L   I N   Y   S Z   F
D E L U G E S   E V E R Y
```

65

```
A D A G I O   T A C K L E
  I A   N U   R   A
M A R   Y E T   A M P
    L A X   U R N
S W I G   B   E K E S
  L   C O U R T L Y   E
H U B   N A   I   S E A
E M E R Y   V   C O C K S
C   Z   S O P   R   T
K N I G H T   A I R I E R
L   Q   Y E W   M   I
E R U P T   I   B I P O D
D O E   H   G   L   S H E
  B   P I T H E A D   M
S H U N   T   R U B S
    N E T   S E C
  F A N   O W E   K I D
  L   E   U R   E   I
J U D D E R   F A D I N G
```

66

```
  S   G   S Z   S
J U D O   P A I N T E D
  C   L A   P   R E
S C O F F S   P R O O F S
  U   M   E   V   E
S M A S H   A R R E A R S
  B Q   S S   S     R
I S S U I N G   C H E A T
    I   A   S   O   L
I R O N I C   H O A R S E
  E   T K E   X
O B E S E   A D V E R B S
  O     B   S R   L
D U S T M A N   U S U A L
  N   H B   T     N
E D G I L Y   W H E L K S
  E   R S   I   A   E
  D I S M A Y S   S A T E
    T   T T   T   S
```

67

```
  B E A M S   A B H O R
T Q I S L G E
S P U R N   T R A W L E D
A A I I Z E I
R O T   M U F T I   D U B
  O F N L
U N R I P E   I G N O R E
P E T V
K E N   R H Y M E   E L F
E I J P X R U
E X E C U T E   A L B U M
P C R D C I E
  B E R Y L   S T U D Y
```

68

```
  A D J O U R N E D
Q E U A I P
B U F F E T   M O D E L S
E A L E U
T U T U   A N A G R A M S
E L W G D
E D I T S   P I V O T E D
E E T W X
B A N D A N N A   N E A T
R V T M
J E E R   E X O R C I S T
N E L R O
C A M P H O R   S P I C K
L P U Y H
G E N I U S E S   R A I D
A C E I N
S T E A D Y   F I G H T S
S T E U H Z
  V E N T I L A T E
```

69

```
  C   E X A C T L Y   Q
V A I N   H   O N U S
  N   D E F R A U D   I T
I D L E   R   N   E T
  I   A E   K I L T E D
  D   R U I N   C O I
T A X I   G   N I M B U S
E   N H   N   A S
S L I G H T I N G   C U E
T   N E O C N
A F T   T R A N S P O R T
M E W P O E
E A R W I G   A   R O A R
N I N   W R I T D
T A M P E R   E   R D
V O O I   A B U T
O   U S U A L L Y   N
Z I N C   S   A R C H
  D   H A T E F U L   T
```

70

```
E X I S T I N G   S C U D
Q N O A A I
U N T O W A R D   I C E S
A E N R J T A
L A R K   C A N O P I E S
S U N T Y T
R I   F E E L   F U R
H A N D L E   E A O
E E   W A R S   Z U
R E M A K E   U S H E R S
M O   I R O N   E L
E V N   N I M B L Y
T E E   D E N Y   S I
I R O   H A S
C A S S E T T E   H A R P
A P D C Y G A
L O I N   T H R O N G E D
L C E G L E
Y A K S   E D G I N E S S
```

71

```
G A Z I N G   S P H E R E
R O   R Y E   O N
A   U N T O   N E E D S
F A N   O I   O B I
T J   O V U L E   N G
S T U F F Y   E N J O I N
S T E T R
A P T   E X E   S I R
X   O N S H O R E   E
E C R U   A   W I T H
L   R E Q U I R E   A
S A C   L S I   R O B
O F T P E
M O S A I C   B E A V E R
O M   N Y L O N   A O
S K I   M S   M A C
E   C R A B   S E E P K
Y   E   A P E   M E
S W I V E L   S O U S E D
```

72

```
  F R U M P   R A C K S
L N E E O Q
G O B L E T   A T R I U M
O I T I C G A
G R I T T Y   T W I R L S
E O O L
D E C O R   J E R K Y
A H E G O A G
B A N A N A   L I N G E R
Y R R L S A
S C A M P I   I M A G E S
S E N U T C S
  S C R A G   Y O K E L
H X I I
Z I P P E D   B L E A C H
F A O D E V H
S T A R T S   R E E K E D
E K E T N N
  D R A W S   H A S P S
```

73

```
F R A M E   E X H U M E
L   N   X   B   O   A   I
O A K   T A B U L A T E D
U   L   R   S   E   C   E
T O E C A P   A S T H M A
E       C   E       E
D E B A T E S   H A S T E
L   S   T   A       A
U N I T   J A N I T O R S
P   T   W   B   L   W   E
S I Z E A B L E   I N K S
E       V   I   O   E
T E S T Y   S E V E R A L
    Q       H   E       I
T H U M P S   B R A K E S
A   I   U   E   U   N   T
C O N F R O N T S   A G E
K   T   E   V   E   C   N
  O S P R E Y   D Y K E S
```

74

```
B H A J I   A P P R O V E
E   R   N   V   O   U   A
S   O V U L E   W A T E R
I   M   R   R   E   S   N
D E A F E N S   R A I S E
E   I   E E L   Z   S
S A L V E R   E X E R T
M   E   O U R S       L
H U S S I E S   S H I N Y
S   M   A   L       E
R E C A P   G E Y S E R S
I   A X E L   M   V
C A L M S   K N I F E D
O   A   S H E   R   R
C A C T I   N E C K T I E
H   Q   V   D   I   E   D
E X U D E   E A T E N   G
T   E   L   A   E   O   E
S P R A Y E R   S O N G S
```

75

```
E Y E B A L L S   T H O U
Q   N   R   E   A   N
U L T I M A T E   P U R R
I   R   Y   T   T   N   E
P R A Y   C U L O T T E S
S O P   C   W       P
  T   C   L E A P   Z O O
D A H L I A   A   E   N
E   E   D U S T   A   S
M A N F U L   C H I L L I
O   E   P E S O   O   V
N   X   F   R E T I R E
S E T   R O P E   A   E
T   O   I       W E B
R E F U N D E D   G A L L
A   O T   R   J   I   A
B A R K   A C H I E V E D
L   U   E   B   E   E
Y A M S   A S S E S S E S
```

76

```
F I Z Z L E   S M U D G E
I   E   O   C   I   O   P
R I B   C H A R M   W H O
S   R   U   P   I   E   N
T R A U M A T I C A L L Y
S   S       A   W   M
  U N E T H I C A L L Y
A   E   I   N   L   E   A
G L E A M S   A G E I N G
I   P       E   A
L A B I A L   O B J E C T
E   O   N   K   R   G   E
  F A C I L I T A T O R
S   O   M   U   S
Q U E S T I O N I N G L Y
U   B   O   N   G   U   N
A L B   W H O R L   E A T
D   E   E   S   O   S   A
S A D D L E   V O R T E X
```

77

```
R E V O L T S     U   S
  X   W   Y   R A N G E S
K I D N A P   E   Z   Q
  L   I N T R I G U E
V E R B   F   R   P   I
I   A L I B I   P A N G
A G A R   E   E   I   A
A   G   D I V I N E R S
S T E E D   E   G   E
E   C O S       J
A   C   H   S W O O P
M U S H R O O M   O   I
A   E   R   A   U R N S
T A L C   I D Y L L   H
C   K   S   F   D R A Y
G U N M E T A L     L
  M   A   E   I N G O T S
H E A T E R   E   N   E
  N   E   E S Q U I R E
```

78

```
S U B U R B   G E I S H A
U   U   O   A   A   P
P   S   M   Z   V   A
E N T O M B   U N F E L T
R   I   E L M   O   H
B O W L E R   P O R T L Y
V   G   W       I
E   C O N F I N E   Q
A R C H   I   D   M A U L
P   I N C L I N E   I
U R G E   E   O   R U D D
I   F I R S T L Y   S
C   N       O   S
D E C A N T   L O C K E D
I   I   A X E   A   U
S C A R A B   A W N I N G
A   V   L   D   D   O
R   E   E   E   L   U
M A R K E T   R E J E C T
```

79

```
S H R I M P S   B L E W
W Y   M   A   E I   E
A G E   M I S Q U O T E D
L   N   E   T P   U   S
T I A R A   E X H O R T
Z   S       O   G   A
E Y E F U L   F R A Y E D
S   A   R     I       V
  C R E A M S   C A B L E
J   S   B   A A   R   R
U N H E L P F U L   A P T
N   O   Y   E L   I   S
K I T S   C R A Y O N S
```

80

```
B R E E Z E S     T   G
  U   L   N   I N W A R D
F R A M E D   N   E   I
  A     U N T A N G L E
C L A P   R   E   T   L
O   O N I O N   I C E D
S E L L   N   S   E   O
Q   E   G R E E T I N G
Q U A S H   L   H   A
  I     R A Y   T
  N   G   E     P L A I T
N E P O T I S M   O   V
A   D   M   A   A X E S
G U L F   B A S E D   I
S   A   U   S   S K I N
B A C T E R I A       N
  B   H   S   C H O K E R
S L E E V E   R   D   P
  E   R   R E J E C T S
```

81

```
E V A D E   G R E N A D E
X   N   C A R   E   I
E   G   H   A I R W A V E
  S L O O P   E   A
P I T Y     H E A L I N G
T   M     I   B C   E
  J   P R E C I S   O   A
H I G H   L   O W N E R
T   O F F A L       M
S T E E R     V A P I D
  E   I M B U E   G
W R O N G   S   K E R B
A   U   A F R E S H   E
I   Z   M   A   A   S
F O O T I N G   K I C K
X   A   G E L I D     I
O B L I Q U E   O   L V
  O   N   D A B   E   V
T W I T C H Y   E A R L Y
```

82

```
A W L S   B   V   M A S K
  A   M A R Q U E E   C
F R E E   O   L   T E A M
  S   A   W I G   E   N
C H I R P S   A P R O N S
  I     R E T R O     E
O P T   E   O   N   A R E
R   A B S C O N D E D   J
G E L   E   K   E   U S E
A   L Y N X   O R A L   C
N E E   T   D   O   A F T
Z   S P A C E S U I T   O
A N T   B   F   S   E A R
  E   L O Y A L       M
W E D G E D   S Y N T A X
  D   L   O A K   A   S
A L S O   U   I   V A S T
  E   V E R A N D A   E
I D L E   S   G   L U D O
```

83

```
H O S E S   A C C R U E S
U   Q   U   P   A   N   T
S Q U E E Z E   P U F F Y
T   E   D     T   E   E
L I L Y   T H E A T R E S
E   C   J   A   I   M
  C H R I S T E N   E A T
S     G   C   N   H
A X I N G   H O L S T E R
R   N   L   I   E   O
O U T L E T S   V O D K A
N   O   P   I     T
G E L   C O R O N E R S
  E   R   A   G   E   T
S E R P E N T S   A V E R
A   A   A   V   O   A
L O B E S   S H I R K E D
V   L   E   O   E   E   E
O D Y S S E Y   W I S E R
```

84

```
J O J O B A   S U R G E D
E   I   D   Q   U   E
R   G   R   U   R   F
B I S T R O   A D J U S T
O   H   I T S   A   L
A S P E C T   H O M E L Y
  U   O   W   A
  B   M O O D I L Y   M
Y E T I   R   N   E B B S
D   M E D I C A L   S
K I W I   E   U   P E W S
T   C O R P S E S   O
O   W   M   M   O O
F R Y I N G   S U C K L E
L   R   Y E N A   A   V
U P K E E P   E X P I R E
K   I   S   E   N   N
E   U   Z   C   L
S O D I U M   E I G H T Y
```

85

GOING · VILLA
ANGLED · NIGGLE
GRITTY · MOTORS
CABER · GLOWS
FORAYS · ARTIST
EQUATE · INRUSH
PLOTS · GAPES
FRIEND · COAXES
QUARTS · IRISES
YOLKS · SEEDY

86

ADVERBS
FIZZES · NOON
POUNDS · HOLLOW
DRYAD · PETTY
MARSHALLED
FORCEFULLY
OGLED · BUCKS
HEALED · HIJACK
VETS · PANICS
CLOYING

87

DAMASK · ECHOED
ARC · RABBI · PUB
HOE · CUR
TEA · WREAK · EGG
INERTNESS
SYMBOL · STODGE
ENTAIL · QUEENS
ALABASTER
OWE · SAVER · HOT
BRA · INGOT · NUN
DEEPEN · FOSSIL

88

VEXING · AKIMBO
JUTE · SYMMETRY
ALPACA · LOTION
HUNT · ION · GATE
SILKEN · SHARED
PANORAMA · IOTA
CYGNET · EERILY

89

POUNCES
BEAU · HAIL
LEGIBLE
JUTS · CUPFUL
TROD
SEMI · CITRON
ALIGHTING · AFT
ERR · TRANSPOSE
EXALTS · ROWS
TASTED · FRET
AVER
IDEALLY
TWIN · AXES
KESTREL

90

JAGS
TOBACCO · UTTER
EASES · SUNLAMP
SQUALL · SAFARI
BEGGAR · AROMA
OWE · ARENA · TIE
CASED · CREAMY
PENURY · PSALMS
INVOKES · CYCLE
NECKS · EXERTED
HAS

91

```
U N C L A S P S . . E M I R
P . R . S . A . . A . . A E
W H A C K I N G . F I L M .
A . N . S . T . F . Z . I .
R A N K . T H I R T E E N .
D R Y . . E . O . . . . I .
. I . S . T R U G . A S S .
S A L I V A . M . L . C . .
U . . G . P A V E . S . E .
F I A N C E . I N B O R N .
F . J . O D E S . L . C . .
I . A . S . . . A R O U S E
C U R . T E A S . W . . H .
I . . U . . Q . . . B O B .
E N O R M O U S . A L T O .
N . F . E . A . S . E . R .
T U F T . D R U N K A R D .
L . A . . I . A . R . . E .
Y E L L . T A X P A Y E R .
```

92

```
M A R Q U E E S . T A L C
E . H . N . M . P . F . U
M O I S T . P A R L O U R
O . Z . O . L . O . O . V
S L O W . C O N F E T T I
. . M . G . Y . A . . . N
T H E M E S . U N C L O G
I . . R . A . E . . . U .
P L U M B E R S . A G A R
P . M . I . M . J . W . A
L O B E L I A . E P O X Y
E . R . S . D . R . O . .
D I A L . M A R K S M E N
```

93

```
. . M I N E S H A F T . .
I . R . X . O . L . S . .
U N W R A P . E X A C T S
J . I . E . . . M . U . .
H U N G . C H A R M I N G
R . . A . T . . Q . A . .
J E S T S . C U T B A C K
. . E . S . E . L . R . .
P R O D U C E D . E W E S
O . . . A . . . U . S . .
T U T U . L U C I D I T Y
T . N . P . . . T . I . .
H E A D S E T . T S A R S
. . E . L . A . T . A . .
O V E R U S E D . E D D Y
A . . . G . O . M . I . .
S N O O Z E . P O P G U N
S . E . . Y . T . E . M .
. A S S E S S O R S . . .
```

94

```
D U V E T . S W I N I S H
I . I . A . P . N . N . A
L . L U N G E . E T H E R
E . E . G . N . S . I . N
M E R M A I D . C A B L E
M . O . . S E A . I . S .
A C Q U I T . P A T H S .
. H . N . O K R A . . . E
A U S T E R E . B U M P S
C . X . E . L . R . . . .
S K I R T . P L Y W O O D
I . . R O S E . H . V . .
M O C H A . G R A Z E S .
U . A . V I A . R . . . T
L A R V A . G R U F F L Y
A . I . G . R . N . A . L
T I B I A . E X T O L . I
E . O . N . I . S . S . .
D O U B T E D . E J E C T
```

95

```
. . C O R R E C T . . .
. J . P . O . O . C . .
T A T T O O . Y O L K .
D W I . F O P . E . P .
A P L O M B . R U E F U L
N . I . U . B . R . U .
D . N A M E D . Y A W N S
R Y E . . E . O . A . .
U . D I M I N U T I V E .
F . F . G . G . R . L Q .
F R I L L I N E S S . U .
. L . O . E . . . B O A
M A M B O . D R A M A . L
O . O . A . . P . R . I
B U L G E D . S P I R I T
S . E . R O B . L . A Y
. T A X I . E V I N C E .
. K . C . T . E . K . .
. H A Z A R D S . . . .
```

96

```
C O F F E R S . S C O P E
Z . A . U . E . O . R . .
Y O G I . D I S M A Y E D
N . R . D . S . L . Q . .
B E R Y L . G A T E A U X
. L . C . Y . . S . E . .
E C L A I R S . S C A L P
. O . N . U . E . E . . .
B R E D . D I V I D E R S
G . . . I . I . . . U . .
M I G R A T E D . D U D S
. I . Y . E . E . E . . .
S T A C K . I N S P I R E
R . K . W . T . I . . . .
J O U S T E D . S C U D S
U . H . I . U . T . E . .
E N L A R G E S . I R I S
C . W . H . E . N . G . .
T E A S E . O R I G I N S
```

97

```
S I L K   O S C U L A T E
A   A   M   E   N   L   V
P E R V A D E   F A L S E
P   V   S   S   A   E   R
H E A D Q U A R T E R S
I     U   W   H   G
R E E K E D   B O W Y E R
E   J   R   Z   M       A
  S E X A G E N A R I A N
C   C   D   P   B   M   D
L I T R E   H E L I P A D
E   O   R   Y   E   E   A
F O R E S T R Y   S L I D
```

98

```
B A U L K   C R I C K E T
A   N   O   H   N   N   W
S   T O R S O   E V A D E
Q   I   M   O   S   V   N
U N L O A D S   C L E F T
E   P     E R A   R     I
S E X T O N     P A Y E E
  N   E   I D E A       T
E R U D I T E   B R A S H
  O   M   B   L     E
S L U R P   I D Y L L I C
U       R O T A   I   Z
B R A V O     M I L D E W
J   R   V I E   A       A
E L A T E   S P I C I N G
C   B   M   P   N   N   G
T W I N E   I M A G E   L
E   C   N   E   P   P   E
D R A F T E D   T O T E S
```

99

```
S   I   A   S   B   J
P A N T H E R   A W O K E
A   S   R   C   F   N   R
D I T T O   H O A X E R S
E   R   N     R       E
  S U G G E S T I V E L Y
O   C     K       N   S
M E T E O R I C A L L Y
I   R     T   A   F
T R U N D L E   R U R A L
T   N   E   A   I   G   A
E L D E R   S Q U E E Z Y
D   O   S   Y   M   S   S
```

100

```
M I M I C   F L A B B Y
I   O   L   I   W   E   U
N A P   E N G R A V E R S
I   E   M   S   K   C   E
C A S U A L   M E S H E D
A     T   E     E
B E D S I T S   T A S T E
  O   S   T   U       A
B O G S   Q U I C K E N S
U   M   J   A   K   P   E
G L A Z I E R S   H O W L
L     L   I   P   C
E X A L T   E A R S H O T
  F     S   O     O   O
F I F T H S   S P O K E N
L   E   A   A   O   E   I
A C C O L A D E S   B A G
Y   T   V   D   E   A   H
  A S S E T S   D E B U T
```

101

```
A L K A L I   S M O K E D
F   O   A   W   I   N   E
F I R   T H R U M   O I L
R   M   C   I   I   L   A
A P A T H E T I C A L L Y
Y   U   H     P       S
  D E G E N E R A T E D
A   A   D   S   L   V   E
B A R Q U E   A G L E A M
U   C       E       P
S U B W A Y   O B J E C T
E   I   T   V   R   E   Y
  I N D E F I N A B L E
D   U     C     U     D
I N C O M P E T E N T L Y
F   R   E   R   N   W   N
F L U   Z O O M S   E R A
E   M   Z   Y   U   E   S
R I B B O N   S E X T E T
```

102

```
H   M     F   E     C
A X E S   F L A M I N G O
P   D   H   O   B   A   M
P R I Z I N G   E Q U I P
I   O   J     D   S   R
E N C H A N T E D   E W E
S   R   C   A   E   A   S
T W E A K   S E D A T E S
A   E   K     E       O
A R T E R Y   V E N D O R
B   E     T   Y       L
O R A T O R S   E R O D E
R   S   P   A   P   U   N
I M P   P E R S I S T E D
G   O   O     E   M   O
I R O N S   S U C C O U R
N   N   I   A   E   D   S
A R S O N I S T   C E D E
L   G   H       D   D
```

103

F	O	U	G	H	T		C	L	A	Q	U	E
L		M		E		H	O		U		S	
O	R	B		W	R	O	N	G		A	S	S
P		E		E		A		I		I		A
P	A	R	A	D	O	X	I	C	A	L	L	Y
Y		D		E		W				S		
	D	I	S	T	U	R	B	A	N	C	E	
A		C		E	S		M	A		J		
G	L	E	A	M	S		E	M	B	R	Y	O
A		P		O				O		I		
V	E	S	P	E	R		E	N	J	O	Y	S
E		P		R	V		I		W		T	
	F	A	N	A	T	I	C	A	L	L	Y	
W		I		S		O				S		
H	A	L	L	U	C	I	N	A	T	O	R	Y
E		I		N	B		I	V		N		
E	L	K		I	D	L	E	S		E	A	T
Z		E		O		E	L		R		A	
E	A	S	I	N	G		V	E	R	T	E	X

104

D	U	P	L	E	X		Z	I	P	P	E	R
A		O		L		A	C		R		A	
R	O	W		V	I	D	E	O		O	R	B
K		D	O	E		O		N	A	G		B
L	E	E		S	U	R	F	S		N	I	L
Y		R		I				O		O		E
	I	N	V	E	N	T	O	R	S			
F		N		E	G		V		I		I	T
R	E	G	A	R	D		T	E	A	S	E	R
O		S			R			R		A		
W	E	E	V	I	L		C	R	A	F	T	S
N		X		O		E	A		R		H	
		H	I	N	D	R	A	N	C	E		
I		A		R		Q		J				
G	N	U		S	M	A	R	T		U	S	E
N		S	E	T		T		H	U	E		S
O	P	T		A	L	I	V	E		N	U	T
R		E		I		C		R		T		E
E	L	D	E	R	S		G	E	Y	S	E	R

105

N	A	U	G	H	T	Y		S	C	A	B	S
W		U		A		S		A		O		
Y	O	G	A		L	U	M	I	N	O	U	S
	K		R		E		E		C		Q	
L	E	A	D	S		G	A	T	E	A	U	X
	R		B		R		L		E			
O	P	P	O	S	E	S		S	L	A	T	S
	O		O		A		A		E			
S	L	U	M		R	A	P	I	D	I	T	Y
	K		E		P				I			
J	A	M	B	O	R	E	E		R	O	D	S
	U		S		A		E		A			
C	L	E	R	K		T	R	A	V	E	L	S
	E		N		R		S		O			
E	T	H	I	C	A	L		F	L	I	E	S
	T		S		Z		U		V		X	
C	U	S	H	I	O	N	S		I	C	E	S
	C		E		R		E		N		R	
L	E	A	S	E		F	R	I	G	H	T	S

106

B	A	N	J	O		C	O	F	F	E	R	S
R		I		U		A		R		Q		P
O		C	I	G	A	R		E	X	U	D	E
W		H		H		V		E		A		A
S	W	E	E	T	I	E		M	E	T	E	R
E		T		S	E	A		E		H		
S	I	G	H	E	D		S	E	D	G	E	
	M		E		O	U	Z	O			A	
M	A	R	R	I	E	S		N	O	M	A	D
	G		N		U		R		U		R	
T	E	P	E	E		A	N	Y	B	O	D	Y
R			S	O	L	E		R			L	
A	D	M	I	T		W	A	I	V	E	S	
N		U		I	T	S		N			I	
S	E	D	U	M		A	W	A	K	I	N	G
A		D	A		P		L		D		N	
C	L	I	M	B		P	R	O	X	Y		I
T		E	L	E		O		L			F	
S	P	R	A	Y	E	D		F	U	L	L	Y

107

V	O	L	U	M	E		Q	U	A	K	E	S
E		O		O		B		P		E		P
R	U	G		D	R	I	E	S		B	A	R
S		I		E		G	E		A		A	
U	N	C	O	M	F	O	R	T	A	B	L	Y
S		A		T		U				U		S
	F	I	R	E	C	R	A	C	K	E	R	
V		M		A	Y		A		W		J	
E	X	P	I	R	Y		A	D	H	E	R	E
N		W			E			E			M	
U	N	V	E	I	L		I	N	F	I	R	M
E		A		G	R		Z		L		Y	
	I	N	E	S	C	A	P	A	B	L	E	
J		L		U		R				R		S
I	N	E	F	F	E	C	T	U	A	L	L	Y
G		X		E		O		N		I		R
G	N	U		W	O	U	L	D		F	L	U
E		L		E		S		U		E		P
R	E	T	O	R	T		H	E	A	R	T	Y

108

	V		B		I		F		B		F	
B	I	B	L	I	C	A	L		U	G	L	Y
	R		I		E		Y		Z		O	
J	A	U	N	T	S		L	I	Z	A	R	D
	G		D		E		A		I			
R	O	O	F		F	R	A	G	R	A	N	T
E		O		I		F		D				
P	E	A	L	I	N	G		U	S	A	G	E
R		D		E		B				L		
J	O	I	S	T	S		L	O	I	T	E	R
D				T		U		N		A		
R	E	L	A	X		P	R	O	V	I	N	G
	I		S		R		E			A		
S	E	C	R	E	T	L	Y		N	I	B	S
Q		B		R			T		A			
F	U	R	O	R	E		W	H	I	S	K	S
I		R		A		A		O		E		
S	T	U	N		M	A	R	I	N	E	R	S
Y		E		S		S		S		S		

SOLUTIONS

109

```
C U B I C L E . G L O B E
A . A . O . X . U . V . K
R E S I N . O B S C E N E
T . I . V . D . H . R .
W A S T E F U L . F L O E
H . . Y . S . B . A . R
E V A D E D . J A S P E R
E N . D . S . P . . . O
L A T H . T W I T C H E R
. I . F . A . I . E . L
E N Q U I R Y . S E I Z E
L . U . N . E . M . R . S
K N E A D . D E S I S T S
```

110

```
T U X E D O . M A Y F L Y
H . M . F O E . A . . E
R B U F F . D Y K E . L
E V E . C D . . I L L
A L . P U L L S . G . E
D E F E A T . E T C H E D
. R . C . P . O . T
J O Y . K O . I . H I T
I . O S T R I C H . H
V I E W . T . A V E R
E . E M P R E S S . O
D U N . A . A . H . E B B
. O . N . Y . O D
M E T R I C . O O Z I N G
O . A . C H I C K . T . U
S I R . A . C . O A F
Q . Y A W N . U S E R . F
U . P . C U P . R . A
E A R T H Y . Y A R R O W
```

111

```
R . C . . W S . . . F
O B O E . C R I T E R I A
A . N . J . I . Y . E . S
D E F I A N T . L I G H T
S . I . M . I . R . E
H A N D B E L L S . O W N
O . E . O . A T . U . I
W I D E R . D U S T P A N
. R . E . Y . . E . G
V E S T E D . T R A D E S
I . K . . B . E . . A
C U I S I N E . Q U A R T
T . P . N . A U N . N . O
I M P . S Q U E E Z I N G
M . E . I . . S M . E
L U R K S . A T T R A C T
E . E . T . P . S . T . H
S A D D E N E D . P O K E
S . . D . X . . R . R
```

112

```
A C C O S T E D . F A Z E
R . A . E . I I . I . N
O . J . C A P S I Z I N G
M O O S E . . C . Z . A
A . L . D . F I R E . G
S T E R E O . P . S A R I
. R . B U L K . U . N
B U Y E R S . I . S N A G
E . M . T U N . T
L I Q U O R . A B A S E D
I . U . E A R . L . U
W E A K . P . I N B R E D
I . D . F E T A . E
S A S H . R . N A P P E D
E . O B O E . N . R . E
A . A . U . N A I V E
C O R R O S I V E . S . P
R . D . L . X . A . E
E K E S . Y O D E L L E R
```

113

```
B R E A K S . A B L A Z E
A . X . I . A . R . L
N I P . T U B E R . S O B
J . A F T . O . C O O . O
O W N . Y O U T H . N E W
S . S . . N . . I . S
. . I N U N D A T E S .
A . V . N . S . H . T . D
M E E K L Y . E R A S E R
P . I . . I . O . . A
L U P I N S . Q U E A S Y
Y . I . E S . G . N . S
. R A D I C C H I O .
A . O . . R . N . S
F L U . F L U F F . Y A K
F . E M U . N . R U M . A
O U T . M O C H A . O P T
R . T . E . H . M . U . E
D R E S S Y . S E N S O R
```

114

```
. C . M A D A M . . F
L A S S O . E . A S P I C
. J . P O L L A C K . S
Y O Y O . T . . I N C H
. L . K . R A P . R . A
S E C E D E . R A T T L E
I . O . S U E . O . X
G I M L E T . O U T W I T
N . P . R . R . N . E
A I L . H A N D Y . S U N
L . I . I . A . C . U
L E A V E N . I G U A N A
E . N . I O N . P . T
R E T A I N . E F F E T E
Q . B . G A D . A . R
T U B A . I . Z O O M
I . S U B S U M E . U
O T H E R . L . A D O P T
Y . . N E E D Y . . E
```

210

115

```
S P A S   G   B   G U S T
  I   C A R R I E R   K
B L U R   O   P   A X I S
  L   A   T I E   Z   D
C A T G U T   D R E A D S
  G   N O O S E     E
F E E   W   P   S   O D D
L   C H A R A C T E R   E
E E L   T   L   F   A I M
E   I T C H   Q U I T   O
C A P   H   V   L   O U T
E   S T A T I O N E R   E
S U E   B   S   E   Y E S
  N   L O A N S     X
W A S T E R   E S C A P E
  W   U   I M P   H   L
J A M B   E   H   O B O E
  R   B U N K E R S   D
S E X Y   T   W   E V E N
```

116

```
W A N E D   G U F F A W S
H   E   A I R   L   A
E   X   U   E M B A R K S
L   U M B R A   I   E
P E S O   S C A L I N G
S   V   E   U   R   I
  Z   E R O D E D   K   F
K I N D   B   I N S E T
T   B I G H T   Q
C H I N A   E N S U E
E   S C O L D   A
C R E A M   E   J I L T
A   L   A W H I L E   S
R   S   T   O   R   S
E V E N I N G   K E P T
I   A   G R E Y S   U
T S U N A M I   A   S   P
O   N   N O R   A   O
F R A Y I N G   L A Y E R
```

117

```
H E A T W A V E   J E T S
A   W   A   E   X   C
C O A S T E R S   V I S A
K   K   T   R   Z L   T
E W E R   Q U I E T E S T
D I N   C   A     E
  S   A   B A W L   B A R
P H O B I A   O   U   B
E   L   S I L T   S   R
R E P E A T   A S T H M A
F   L   R E I N   U   I
I   U   R   C A R B O N
D O G   A C R E   F   A
I   Y   E   A S H
O D D M E N T S   A N T I
U   R   D   U   P K   D
S K E W   T R O U B L E D
L   A   N   M   E   E
Y A M S   A S S A S S I N
```

118

```
B I O P I C   S C R A W L
I   I   H U E   O   A
K   U N D O   N E W T   C
I T S   P   I   I N K
N   E   O P A L S   G   E
I N F A M Y   E T C H E D
  U   E   S   O   T
B E L   N   O   I   S P A
E   A S K A N C E   S
A V O W   P   G A W K
C   L U M B A G O   E
H A S   N   O   U   J A W
Q   M   X   A   I
C R U D E R   T R I V E T
O   A   T A X E D   I   U
H O B   Z   M   N I X
O   S A R I   P A N G   E
R   G   N I L   I   D
T H R O N G   E M B R Y O
```

119

```
D O G M A T I C   B A K E
O   O   Z   I   I   X
R   V   A D D R E S S E E
S W E L L   C   Q   C
A   R   E   G U R U   U
L I N E A R   M   E A S T
O   E A S Y   M   O
B U R L A P   P   H A I R
I   E   R Y E   S
N E S T L E   C O S S E T
  W   S I T   A   O
F O O D   E   I M P A L E
U   R   O N T O   M
M E N D   T   N I M B U S
I   E X A M   N   I   T
G   J   T   T E E N Y
A L L E V I A T E   N   L
T   C   O   N   C   U
E D I T   N E E D L E S S
```

120

```
  J   A   E   A   F   C
T U R B I N E S   O P U S
  M   O   D   P   R   T
O P E R A S   H U M B L E
  E   I   A   E   E
B R A G   P O L A R I T Y
U   I   A   T   L
S H I N G L E   H Y M N S
  U   A   E   A     I
A N G L E S   W I C K E R
  C   T   A   O   C
C H A F E   S K I N N E D
  R   I   E   T   I
W A T E R M A N   E Y E D
  Z   Q   P   N   X
J A G U A R   M I D D A Y
  L   E   E   O   E   C
V E I N   S E V E R I T Y
  A   T   S   E   S   S
```

SOLUTIONS

121
```
L D     Z J       S
O M I T   H O N E Y P O T
Z   S S   N   T L   R
E X P I A T E   T I A R A
N   R L   I     I   I
G R O C E R I E S   N A G
E   V S   T   O   T   H
S T E A M   C O N V I C T
    O   E H     F     E
F E I G N S   P U F F I N
L   M     B N       L
A P P A R E L   C O C K S
G   A E   U   O O   O I
S A T   C H E Q U E R E D
T   I E     P   R   E
O V E R S   P I L L O W S
N   N S   L E D     H
E X T R E M E S   Z E R O
S       S A     S     W
```

122
```
D Y N A S T I C   S E M I
O   A Y   O   A     N
W   T   M A G N I F I E D
S Q U I B   S   E     E
E   R   O   O P A L   X
S C I L L A   I   Y E T I
    S     G O R Y   J N
B U M B A G   A   B E R G
U   R   R U T     C
S T R A T A   O R A T E S
    E   N O R   D   A
S O A K   D   I R O N I C
A   L   V I S A   A
C O M E   S   L A I R D S
K   R E E F   M   C   H
A   A M   P R I Z E
B R A S S E R I E   S L
L   E   N   R   S   V
E W E S   T E L E V I S E
```

123
```
  T H O U S A N D S
Q   A T   M   I S
C U S T O M   P O S I N G
A   C O   S   S U
W I T H   S H A V I N G S
N   B T   N   P
S T R A Y   H A Z A R D S
    C   A L   T R
M A R K E D L Y   E X A M
W   J S   P
L O C O   O V E R F E E D
K   R I   S   A
W E D G I N G   S N A K E
    A E A   T L
G R E N A D E S   A G A R
E   I   T   S X
H A S S L E   H O T P O T
M M M M   I N
  A S S U R A N C E
```

124
```
F L E X I N G   C H E S S
O   A N   U   H X   H
R A S P S   S H A R P L Y
M   E E   H   P U
A B S O R B E D   S N A P
T     T D   J G L
I M A G E S   B U R E A U
V D D S   V     N
E N V Y   S Q U E E Z E D
    A J U   N O   E
B A N D A N A   I N N E R
I C C   W   L E   E
B L E A K   K N E A D E D
```

125
```
A M A Z E   H E I R E S S
G   I X   O   R V   H
R   S W A R M   I M A G O
O   L L   I D   S   R
U N E A T E N   E X I S T
N   M   G A S   O   F
D E J E C T   C O N G A
    R N   E A S E   L
W I L D C A T   N A V A L
    C   O T   C   N
C A B A L   A N E M O N E
R   L Y R E   O   U
O R A T E   T I P P L E
Q   C   C O T   E   A
U N C U T   H U R D L E R
E   O A   W E   E   M
T H U M B   A L P H A   A
T   N L   R O   V   R
E N T R E A T   T W E A K
```

126
```
N A V E   S T Y E   B O A
O   I A   I X   U   P
R O S E B U D   U N C A P
M   I R Y   D   K R
A R T F U L   R E T I N A
L   P   J     N   I
I N E P T   A L L E G E S
S R   I E   E
E Y E B A L L   A W A R D
    C N H   V I
E A T E N   O V E R D I D
Q   U U   U     E I
U N B O L T S   I S S U E
E U   E   T     T
R E F L E X   S A L A M I
R F   A U   L Z   C
I R O N S   S T I M U L I
E O   E E   C R   A
S I N   S P R Y   F E R N
```

127
```
ACCEPTS   A M
 A W R CABBIE
IMPEDE E O N
 E   ALARMING
WORM S S I O
E ABUSE NEWT
TAXI R L A U
 P Z EJECTING
SPIES   S E O T
 E   BUS     T
 A S A   SQUID
AROMATIC U O
R O H O IONS
MENU RARER  O
 X L O D KIND
WILDFOWL    I
 L E M ENVIED
YEARNS S I C
 S S ASHAMED
```

128
```
 B WREATHS B
LAVA   O WAIT
 R LOZENGE J
JOWL   I E O
 Q O O CUPFUL
 U WOKE N R I
SEMI   E ITSELF
 U N E   I E E
BARGEPOLE SAG
 S I   E A I U
COS GRANDMAMA
 R O I D E R
INTERS S THUD
 P T T FLEA N
TROPHY I L C
 E I A D WHIM
 L TORPEDO V
BATH D   RUIN
 X YASHMAK L
```

129
```
GLEAMS PSYCHE
R X A S A O M
AMP JOUST NIB
F EGO B ELF L
TIC ROUND EWE
S T R S M
 INCUBATES
A N O S O E A
WAGONS SPASMS
A Q S S
RUEFUL COYOTE
D N E H I R S
 TARPAULIN
J R U A B
EMU RELIC MAR
R SUE A OWE E
KIT VEGAN NEE
E E U E C T Z
DODGES WHISKY
```

130
```
PICKLED WAFER
U H I E E A Y
BRAWN CHALICE
L I G A K R
INNUENDO SEAM
S R E C S A
HYBRID VORTEX
E R E C N I
ROUT MARJORAM
 S J M U A
ESQUIRE GAZES
W U L R A O E
EVENT ALLURED
```

131
```
MYRRH ENCLAVE
A E Y N O B M
R PLEAD MAIZE
Q E N I M D R
UNLEARN OWING
I G GUN N E
SOURCE PAGAN
 P E GULL C
FESTOON ADAGE
 R V L C L
FABLE EJECTOR
E ROTA A B
ALPHA GUIDED
T A NUB R E
HELIX EVENING
E E I H L M R
RETRO ERICA A
E T U A T G D
DRESSED EVOKE
```

132
```
ELDEST VERSED
N E Q D L A O
JOT UNITE BIN
O ERA S COO O
YEN TACIT TAR
S T A A S
 INFERRING
O O I D M E A
BANISH SPASMS
O H A I
EXTEND TRACED
S R E S T A E
 ACTRESSES
G M E E F
YAP HOPED MAR
P LOO A WOE O
SKI VAGUE NOW
U N E E L T Z
MOGULS FLASHY
```

133

```
GLAZE   EXCEPT
U U X A R L E
MUD PETROLEUM
B I L S W D I
OUTWIT KNIGHT
O   C I   E
TOADIES BASIN
L   T O O   A
CLIP AMBUSHES
U G J E T O T
BANQUETS STAY
E   G R T E
DUCKS INHALED
O   C I   I
WINTRY SCRIPT
I V U A K N H
SHOELACES FOE
E Y E E E E R
ASIDES TARDY
```

134

```
BUZZED PRIMLY
E O OWE O E
L SOIL BENT L
IMP O B EEL
E I CULLS T E
FACTOR ETCHED
E Y I O E
WED P N I RAT
H SUBJECT E
ALGA U OVAL
R PUERILE E
FEW R E U SIX
I G S C H
DANCED ORBITS
R K DRIVE F I
AXE U E TAN
F DEAD RUBY N
T R GEL O E
SQUARE YAWNED
```

135

```
COBWEB PRIMAL
H L L I O A
E O A Q J P
RECKON UPHOLD
U O CUE E O
BOYISH DINING
F E O U
F CAPRINE M
WHEY U M WEEK
A NARRATE R
ANTI G M RUIN
D CREASES C
E A R A
ADDING WAFFLE
W T OBI E L
HYSSOP LIZARD
I E H T D E
L M E E Z S
ELIXIR DIVERT
```

136

```
A K V EBB U
SHIVERS INNER
S W R S O Z A
UNIFY APPOINT
M O Y S P E
ERUPTS HYSSOP
S S O R P A
FUTURE TASTY
F R S J A A E
RIP LOOKS WAR
E E E I S M S
ENDED CLERIC
H Y E L L O
OLDEST PSALMS
L E L A X P
DANGERS CEDAR
E I U S H A E
REACT EQUERRY
L HAS G K S
```

137

```
KASBAH SQUATS
N A A A N U
YES RAG JAB
HIM EMU
AXED A ASKS
V DISGUST O
SIN O A K CUT
EDICT V SURLY
I G FEN O P
SCHOOL ABJURE
M T YAP T S
IDLED L CLOVE
CRY O O L NET
U OUTFLOW E
GANG T CHAR
WHO SKI
SPA OIL NUB
E R Z O E A
HANDLE WADING
```

138

```
B O A E R A
PREFACES EARL
E F H T T M
DERIVE UPROAR
Z C A A D
SEMI TURNCOAT
A A H Y E
WASTERS USAGE
X E U S L
SLIDES QUEUES
E H U X A
ASIDE JILTING
E C R R U
MAILSHOT EVEN
P I E M N
WEBCAM WRINGS
M A I O S A
BEAT STRATEGY
N E T K S E
```

139
```
  S H I P S H A P E
  F O I   O L S
B U G L E R   B L A Z E R
  T L   A   T   M
Q U A Y   C R U C I F I X
  R H   Y   N   T
B E L O W   E S T U A R Y
    C K A   D   E
A W A K E N E D   E W E R
  H   I   D   D
F A I R   G O L D F I S H
  L E H   E   A
D E S P I T E   C R E E K
    R E   F   M J
R E M I N D E R   S E E M
  V E   E   T C
W E A V E D   S M E L T S
  N E O   C A S
  A S T E R O I D S
```

140
```
D O O R S T E P   S L A B
I V   P   R E   E R
S E   I L L E G I B L E
A P R O N   F Z   A K
R L   A   H E R E   K
M U E S L I   R   S A R I
  A     N E E D   W N
D E F E A T   N   L O N G
A   G   E A T   K
M E R G E R   I N J E C T
  E   P E A   I   H
I D L Y   L   L E G A C Y
N I   F A I L   P
E A C H   N   Y A P P E D
Q   A X E S   C R   A
U   L   T   C O O P S
I N N O V A T O R   V   H
T   E   R   U A E
Y A R D   Y O D E L L E D
```

141
```
E X E R C I S E   P L U G
X Q   U   I U I   R
A D U L T   P A N A C E A
L A E   H I   I Z
T O T E   C O N F E T T I
  E C N   I   N
R U D E L Y   B E L O N G
I   A B   D R
V I G O R O U S   J I L T
E R   I R   F G W
T H I S T L E   L L A M A
E N   Y A   A M N
D A D O   B U C K L I N G
```

142
```
L S     G R     G
E A T S   J E W E L L E R
T R D   N S O   U
T R A P E Z E   E X I L E
U I T   A   T S
C O N T A I N E R   E G O
E E I   E C R   M
S I R E N   A C H I E V E
R E T   R L
S K A T E S   T R U S T Y
Q L   C E   O
U N L E A S H   H A R E M
E O V   I E I   I
L I T   E X C H A N G E S
C M R     T H P
H Y E N A   C R E A T O R
I N G   U D F I
N A T T E R E D   B U R N
G   D D     L T
```

143
```
A D S O R B   Q U A I L S
R T   O   U D T
C U   U N   I L R
H U B B U B   F R E E Z E
E O   O F F   L W
D I S O W N   S A M P A N
M O   I C
P   M O R A L L Y   Q
S O F A   I A   E M U S
L   N O S T R I L   I
K I W I E V   P I T S
T   C A N V A S S   T
I P   K A
S C A T T Y   W I G G L E
A E   O U R   E A
S P R A N G   E J E C T S
H O U R   H I N
E U R   C U U
S E X I S T   H U M B U G
```

144
```
S K E T C H   M   T U B A
E R   O A F I S H   A
Q U A R T Z   L   A S P S
U A Y   D E N T   A
E L O P E   E N   R K
L R   J U X T A P O S E
I E P   C K
E F F I C I E N T   E Z
D I T L   S E D G E
G   C A S T   B A A
E V E N   R   A E R I A L
O   T R U S T Y   C O
T W E E   E   S E L E C T
```

SOLUTIONS

145

```
I M P O R T E R   C H I N
T   R   E     E   O     A
A   E   P U R C H A S E R
L O C A L     O   X     R
I   L   A   K N E E     O
C L U I N G   S   S K E W
    D     E A T S   E   L
F R E S C O   R   E N V Y
I     A   G N U     D
T A M P E R   C U B O I D
U     A P T   I     A
M U M S   P   I N B R E D
A   P   S H O O   I
H U S H   I   N A G G E D
A     A R C S   F   A   R
R     Z   A   R A T T Y
A Q U A P L A N E   O   I
J   R   L     S   N     N
A X E D   Y A C H T I N G
```

146

```
O B S C U R E     S   F
  R   O   E   P R O F I T
W I G W A M   H   C   L
  A     I N E D I B L E
G R A B   N   N   O   E
U   A U D I O   L U R K
T W I N   E   M   O   E
  H   J   D R E D G I N G
F E L O N   N   Y   A
  E     T E A       I
  Z   C   E   V E I L S
D E T A I L E D   Q   E
A   S   E   I   U N D O
D I S C   P A S T A   P
  C   A   A   E   L A S T
V E N D E T T A     T
  B   I   H   S O B B E D
C O U N T Y   E   R   E
  X   G   U S U A L L Y
```

147

```
  B   S   S   A   S
B R I O   H A M S T E R
  I   F   E   A   O   E
I S L A N D   L Y R I C S
  T   S   G   E   E
C L A S P   B A B Y S I T
  E   Q   G   M   V
I S S U I N G   I R K E D
  I   A   F   O   R
S T O R K S   R O B U S T
  I   M   H   U   B
S M A S H   W I Z E N E D
  E   F   T   R   N
S T A T I O N   T S A R S
  A   W   R   P   I
O B L I G E   A B J E C T
  L   S   A   U   A   H
E X T O R T S   W O E S
  S   M   E   S   S
```

148

```
S C R E W S   B R O G U E
O   X   T   U   Z   N
I N V A D I N G   O A F S
T   M   F   L   N   L
D R O P   F R E N E T I C
A   L   E           N
S C R E E N   B R E A C H
T       E   Q   H
J U G G L E R S   U N I T
A   U   A   P   A   N
A L E S   S H O R T A G E
L   T   E   K   E   L
N Y L O N S   E S S A Y S
```

149

```
B L O T C H   R E L I E F
U   A   U S E   O   R
R   C R A M   V O T E   E
E G O   B   I     S I N
A   U   Q U E L L   C   Z
U N P L U G   E I G H T Y
  O   E   D   L   E
O W N   E   E   A   W O K
X   P R E F E C T     N
I D L E   R     A X L E
D   A D J O U R N     A
E R R   W   S   E   C O D
  E   E   T   A   L
R U F F L E   O C T A V E
E   U   L U N C H   M   L
B E E   L   C     M I D
U   L I D O   U G L Y   E
F   R   G A P   A     S
F O L K S Y   Y O G U R T
```

150

```
  A D U L T H O O D
Q   E   A   O   U   A
C U R S O R   W A T E R Y
A   C   V     E   I
O V E R   A B N O R M A L
E   I   E   O   M
C R A B S   E S P O U S E
  E   D   E   S   K
S O L D E R E D   T R I P
R   E   I       R
A D D S   A D V O C A T E
E   U   M   E   O
C R A C K E D   I N D E X
  C   R   A   F   I
A T H E I S T S   I O T A
W   S   S   D   H
J I G S A W   A M A Z E S
G   O   I   N   R
  T R A N S L A T E
```

151

```
A B J E C T   W I N D O W
L   R   W O O   I   H
K   U R G E   B A L M   E
A S S   E   B   O D E
L   E   I D Y L L   T   Z
I N F A M Y   E I G H T Y
  U   P   A L E   E
O W L   E   Q   A   R I D
X   F L O U N C E     R
B I R O   A     V I S A
O   R U P T U R E     K
W A R   S   I   U   P I E
  O   U   C   G   R
A D V E R B   O B O I S T
T   I   P U S S Y   N   A
O W N   B   P   C O N
M   G R A B   R I F E   K
I   E   L I E   U   E
C H I V V Y   Y O R K E R
```

152

```
S C E N A R I O   M E L D
Q   L   B   N   J   E
U N I V E R S E   S E A M
E   C   T   U   S C   O
A M I D   P L A N K T O N
L O T   A   I       S
  O   T   C R A G   F A T
G R O W E R   G   A   R
R   I   E A S E   Z   A
A V E N G E   T R U E S T
T   A   A L O E   N   E
I   R   S   A F I E L D
F E N   H E E L   T   O
Y   I   X     F U N
I N F I N I T Y   V E T O
N   R   G   E   V   N   D
G H E E   U N P I N N E D
L   A   D   S   E   E
Y A K S   A S S A I L E D
```

153

```
A V O W A L   S T R I V E
I   A   Y   O   E   A
A I L   N O D   G U N
  L A X   A P E
F L O G S   S   O N T O
R   P I A N I S T   V
L O T   L   A   I   F A T
A M A Z E   K   T U L L E
C   X   K E N   A   X
O T I O S E   E X E M P T
N   C   Y E W   I   U
I N A P T   V   P A N D A
C U B   H   O   A   G E L
M   B O O K I S H   F
B O O N   E   T U F T
  A G E   E A R
J O T   C A P   T A G
A   E   H I   L   N
E M B R Y O   C H E Q U E
```

154

```
E X C E L   A C C U S E D
G   O   I S   H   O   U
R E M O V E S   E A R N S
E   P   E   A   R   T
T E A K   H A R P O O N S
S   N   S   L   L   W
  S Y M P H O N Y   F E W
M   O   O   O   U   A
U N I O N   F U M B L E D
F   N   G   E   L   E
F A T T E N S   M A Y O R
I   E   E   O   S
N I L   O R D A I N E D
L   R   A   R   J   Q
W R I N G I N G   B E A U
I   G   A   E   C   I
C L E A N   A R B I T E R
K   N   Z   R   B O   K
S E T B A C K   S P R A Y
```

155

```
D E B T S   E   F R O Z E
U   R   P I X I E   X   Y
T R U E R   T   T W I C E
Y   S   E L O P E   D   G
  S Q U E A L   S H E L L
M   U   T   E   O   A
A V E N U E   J E W E L S
R   E   X E   X   S
B E S E T   S C A N T Y
L   H   H E A T S   R   O
I M A G O   V   P L U C K
N   K   R E E V E   D   A
G L E A N   R   N E E D Y
```

156

```
P E R F I D Y   S T O R K
X   R   U   U   R   E
E C H O   T A N K A R D S
E   G   Y   Z   D   R
F L A S H   C I N E M A S
  P   G   P   S   W
A F F A B L E   A M A S S
U   W   O   G   E
A N O N   B A L A N C E S
G   U   E       X
D I S S O L V E   D A U B
  C   E   F   E   D
S M A R T   Q U A F F E D
E   A   E   L   E
A D A M A N T   P R O D S
I   B   J   U   R   R
S C A L L O P S   I R O N
A   E   Y   E   N   W
B L A D E   B R I G A N D
```

157

```
M . G E E . B G . . .
V I L L A G E S . O P U S
. M . A . G . C . N . I
J O I N T S . O F F E N D
. S . C . R . I . E . .
S A R I . M O T O R W A Y
A . N . A . S . E . . .
P I G G E R Y . U S U A L
N . L . I . R . . . P .
C A N Y O N . U D D E R S
N . . E . M . I . . O .
L E A S H . Z O O M I N G
. K . S . U . E . . O .
S I N I S T E R . N E S T
. C . P . A . S . . Q .
R E A P E R . O D I O U S
. B . E . V . R . O . A
B O A R . E D G I N E S S
X . S . S . Y . S . H .
```

158

```
T O P A Z . P E A F O W L
H . L . I L L . R . O .
R A . N . E M B A L M S .
O . Y U C C A . I . E .
W A S P . . S E L L I N G
S . P . E . O . O . . I
. F . E X U D E D . T L
V I E D . S . . G R A F T
. N . B E L L E . . I .
P I Z Z A . . R O O F S .
S . C O O K S . . . T .
B H A J I . E . K O H L .
O . X . L E N G T H . S .
O . E L . I . A . . S .
R E D O I N G . K E L P .
Q . C . G E L I D . E .
F U C H S I A . A . I W
. I . R . R A N . F . E
S P E E D E D . K E Y E D
```

159

```
S C R U B S . I M P U R E
H . I . R . M I N . P .
R A P . A L A R M . T O O
I . E . Z . S . I . I N
N O N S E N S I C A L L Y
K . I . . A . M . . M .
. O R T H O G R A P H Y .
A . U . A . E . L E . H
D E B A S E . A G E N D A
D . . . S . E . . . R .
E Q U A L S . A B H O R S
D . R . E . F . R . W H
. I N E S C A P A B L Y .
J . R . L . . O . . S .
I N T R I N S I C A L L Y
N . A . M . I . A . I N
K I N . A T T I C . G U T
E . G . G Y . A . H . A
D E A C O N . V O R T E X
```

160

```
G I V E R . S C R E W .
A . E . A . Q . I . I .
A S P E C T . U N S U N G
T . R . T E A . E . G .
B R A S S Y . D A R T E D
I . . O . . G . . . R .
C O M B S . F O O D S .
S . E . A C E . V . A .
T E R M E D . A P E M E N
O . E . D . T R . . N .
K E R N E L . U N A B L E
E . T . E A R . W . X .
. P L O D S . E V E R Y .
R . U . . . L . O . . .
J I T T E R . C A M P U S
Z . R . I R E . U . N .
H I R I N G . A S S I G N
N . B . H . S . E . E .
G U E S T . E L D E R .
```

161

```
E J E C T . C H I M I N G
N . X . Y A . M . N . A
Z . P U R E R . P E E K S
Y . E . E U . A . R . T
M O L E S T S . T U T O R
E . N . O B I . I . I .
S E L D O M . E X A L T .
. Q . E . O P E N . . I
O U T D O O R . T O W N S
. A . B . O . L . . I .
A L T O S . B A Y O N E T
R . . E W E S . N . C .
T H A W S . K I S S E S .
E . N . S K I . E . I .
F U N G I . S K A T I N G
A . U . V . L . V . N H
C A L V E . A L O O F . I
T . A . L . N . W . E N
S T R A Y E D . S P R I G
```

162

```
H O A X E S . A V O W A L
E . R . H D . A . O .
R . C . I V . N . A .
B E H A L F . E X C E E D
A . X . T O R . O . E .
L O V E L Y . B O W L E D
P . O . . . L . . . G .
. T . C O R R O D E . R
T O F U . U . U . G R E W
M . B O L S T E R . G .
H E R E . E . R . E X I T
. T . S A D D E S T . O
R . G . . . U . . . U .
P Y T H O N . U N J U S T
A . U . I N N . O . A .
C O S M I C . I N T A C T
K . E . K Q . R . T .
E . W . E . U . M . L .
R E N T A L . E N Z Y M E
```

163

```
M I M I C   P L A I T
A   E   U   L   L   H
G L I D E R   A C I D I C
A   I   V A N   B   C
T R E A T Y   T H I N K S
I   O       O       E
  A R R O W   F E I N T
V   I   A D O   N     T
E R U P T S   R E V I E W
X   T   H   E   O     I
E Q U I N E   L I K I N G
D   D   R O E   E     S
  E V E N S   G A S P S
  J     E     I     C
R E L I E F   G L A Z E D
C   D   E G O   D     N
S T R I C T   R E D D E N
E   O   C   S   E     R
D I T C H   E A R L Y
```

164

```
S A M P A N   E X O D U S
U   A   A R M   W     P
P   T R I P   B E E P   E
E M U   K   L     R   E V E
R   M   B I D E T   R   C
B O B B I N   M O D I S H
  L   J   R   X     S
W O E   O   O   I   H O B
R   T U S S O C K     R
O K R A   E   I D E A
N   B O Y H O O D     Z
G A S   V   I V   A C E
  Q   E   P   A   V
S L U R R Y   I T S E L F
O   I   T O N N E   N   O
C U R   R   F     G U M
I   M A R K   A X L E   E
A   F   E L M     A     N
L I T T E R   Y O G U R T
```

165

```
P E W S   C H I C   S P A
E   A Q   I   O   W   P
R E S C U E D   C R O U P
M   T   E E   O   L   R
E Y E F U L   D A H L I A
A     E   J     E   I
B O W E D   E X T E N D S
L   H   W   H       E
E D I F I C E   U R G E D
R   G   L   M       I
P E R I L   L O B E L I A
R   O   E     D     C
O U T D O O R   R E S E T
F   R   S   E       U
I D I O T S   A C A C I A
L   V   A   F O R   L
I N E P T   O R I G A M I
N   T   R   L   Z   T
G A S   Y O K E   B E V Y
```

166

```
C O I F F U R E   C A S H
A   M   A   X   R   U
N   P   S E P A R A T E D
C O L I C   S   Z   D
E   A   I   A P S E   L
L I N E A R   E   S E M I
  T   E C R U   V   N
H I S S E S   A   H A N G
U   P   P A T   D
E Q U A T E   I N T E R N
  R   C A N   O   O
A L G A   T   G A T H E R
B   E   P A W L   E
J U D O   B   Y A P P E D
U   R A I D   S   T   O
R   A   L   Y E A R N
I D E N T I C A L   G   K
N   G T   U   O   E
G I V E   Y E O M A N R Y
```

167

```
U N I T   F L A W   P U G
T   M   A A   I   A   U
I M P O S E D   P A R K A
L   E   P S E   Q   R
I N L A I D   A R O U N D
S   R   L   E     I
I R A T E   I N E R T I A
N   V   B   V       N
G O O D B Y E   O A T H S
I   A   R K   I
L A D E N   A V E R T E D
I   J   T   H     E
F O R G O N E   C H E A P
E   I   S   L     A
B A B I E S   L I N E A R
E   C N   Z N X   T
L E A K S   O R I G A M I
T   G U O   C C N
S U E   E A S Y   S T A G
```

168

```
S C A R A B   B U T T E D
H   K   R   I   U     O
O   I   S   N   N
C O N F A B   H I J A C K
K   E   E G O   A     E
S I N E W S   P E R T L Y
N   H   E     A
T   C O M P I L E   N
F R A Y   O   M   N O D S
I   N I R V A N A   O
A N T I   A   G   C O W S
S   C A L M E S T   N
I   F       U       E
S C A T T Y   B E F O R E
I   I   E M U   L     A
G A Z E B O   S Q U I B S
N   E   M   T   R     T
E   R   A   L   K     E
D I O X I N   E R A S E R
```

169
```
C B A . F I T . H . . . .
L Y R I C A L . U N I T E
O . I . M . O . X . J . X
A T O N E . O V E R A C T
K . I . D . D . C . E . .
E X A L T S . W O R K E R
D . N . R . S . O . N . .
. A T T U N E . Z E B R A
F . H . S . Q . I . L . L
I R E . S W U N G . A I L
N . R . E . I . Z . B . Y
G A S P S . N E A R B Y .
E . I . S . G . E . A . .
R E N E W S . A S I D E S
L . O . A . U . M . S . .
E R R A N D S . O P E R A
S . M . I . I . H . U . U
S P A W N . N U M E R A L
. L . G A G . S . O . T .
```

170
```
S Q U I N T . P E R M E D
T . P . U . A . T . U . O
R I P . M U L C H . F A T
O . E . B . M . I . T . A
B O D Y S N A T C H I N G
E . E . N . . U . . E . .
. U N S P E A K A B L E .
T . A . A C M . O . V . .
W A G E R S . S N O O Z E
I . T . . E . . E . R . .
C L I M A X . U S H E R S
E . N . K . J . I . E . E
. I N D E F I N A B L Y .
M . U . G . . O . . T . .
I D E O L O G I C A L L Y
D . M . E . I . O . O . C
W E B . V E N O M . W H O
A . E . E . G . M . L . O
Y O D E L S . C A N Y O N
```

171
```
. B . . D E P O T . . P .
M O R A Y . A . E E R I E
Y . S E X T A N T . . Q .
W I S P . I . . H A U L .
. S . E . T O R . I . E .
S H I N E R . E X C I T E
U . M . . E G O . . M . N
R I P P L E . R E A P E R
R . O . C . I . . R . O .
O A R . F R Y E R . O I L
G . T . E . N . . V . M .
A R A B L E . T H R I V E
T . N . P E A . S . N . .
E S T A T E . T H R E A T
. T . Z . R O E . A . L .
G U R U . . Z . . K A L E
. P . R E J O I C E . I .
V O W E L . N . U D D E R
. R . . F I E L D . . D .
```

172
```
B R I C K . Q U E N C H .
O . T . N . U . X . R . U
N E E . E X A M I N E E S
A . M . E . Y . S . A . E
N E S T L E . S T A T E D
Z . . I . I . . I . E . .
A B O U N D S . P O S E D
. W . G . O . O . . O . .
J I N X . B L I S S F U L
E . E M A . U . U . L . .
S E R V A N T S . E N V Y
T . I . I . S . G . . . .
S A T I N . N O U R I S H
. W . . G . P . . O . . .
W H I L S T . U P P E R S
A . N . C . A . O . L . I
D I G R E S S E S . B E E
S . E . N . K . E . O . R
. A S T E R S . D O W N Y
```

173
```
W O M A N L Y . O D O U R
. Z . F . U . A . I . N .
J O L T . M O L E S K I N
. N . E . P . L . G . C .
Z E B R A . B O X R O O M
. N . S . W . A . R . . .
F L O O D E D . S C A N S
. A . O . T . H . E . . .
W R E N . B L U N D E R S
. V . A . R . . O . . . .
C A R R Y C O T . D A U B
. E . K . F . E . S . . .
E V I C T . Q U A S H E S
. I . H . A . L . E . . .
T R U A N C Y . D R I L Y
. T . R . H . T . T . U .
J U G G L E R S . I M P S
. A . E . S . A . N . I .
F L A S K . B R I G A N D
```

174
```
C O N J U R E D . S P O T
O . O . N . X . S . H . R
C A V E D . T A P I O C A
K . E . O . O . A . T . C
Y E L P . B R O C C O L I
. T . U . T . I . . N . .
A N Y O N E . U N S U N G
Q . U . F . G . N . . . .
U N W A S H E D . S C A T
A . I . U . D . T . O . W
T O R N A D O . A Z U R E
I . E . L . R . X . T . E
C O D E . F A M I S H E D
```

175

```
V A L V E   T R I U M P H
E   I   X   E   M   A   E
R   B L A Z E   P A G E S
R   E   C   T   E   N   I
U N L A T C H   T R A C T
C   X   E M U   T   A
A S L E E P   O C E A N
P   L   A W L S   C
P E R S O N A   I M P L Y
  C   F   L   T   A
S K I F F   K E Y W O R D
Q   E A S Y   H   G
U N P I N   E X I L E S
A   L   S P A   F   A
S H A J I   G R U F F L Y
B   S   V   R   N   U   I
L I T H E   E X I T S   N
E   I   L   E   T   S   G
D E C A Y E D   S T Y E S
```

176

```
C H E R U B S   A   B
  E   E   U   R A N C I D
S N I V E L   E   T   N
  N   L E G G I N G S
H A Z E   S   I   P   E
A   L E E K S   A P S E
S U R E   V   T   T   A
  N G   E L E P H A N T
V I N Y L   R   Y   U
  Q   B U S   D
  U A I   A F F I X
P E N D U L U M   R   S
O   J A E   I O T A
T O F U   T I D E S   S
  L   S E   I   K E G S
W I S T E R I A   I
  V   I   A   T W E L V E
K E N N E L   E   G   E
  S   G   A S T O U N D
```

177

```
M O U S E R   B R A S S Y
Y   N   E   E   O   O
O   I   B   C   F   K
P O T A T O   A L K A L I
I   X   O W L   I   I   N
A B J E C T   M A T I N G
  E   O   N   N   O
L   C O M M I T S   V
A L S O   O N   P I E D
Y   L I G H T E R   L
T A X I   U E   A W E D
  C   C U L P R I T   T
H   S   C   T   T
S E I Z E S   M E S H E D
T   O   E G O   I   I
A N G O R A   C A R V E D
R   U   W   K   A   D
V   R   A   E   M   L
E Q U I T Y   D I M P L E
```

178

```
A   O   S   U   F
J U M P   P O N T I F F
G   A   A   F   E   I
A M B L E S   A R R E S T
E   M   Z   C   H
G N A W S   D E C E N C Y
T   A   A   D   A
A S C R I B E   S H A K E
  B   U   Q   O   E
A P P L E S   U N W I S E
O   E   E   A   L
F L U S H   S C R E E C H
I   B   K   R   A
S C E P T I C   U S U R P
E   A   C   V   V
S M E L L Y   E L I X I R
A   L   C   R   L   N
N O O D L E S   L A G S
  R   E   E   S   S
```

179

```
    E M U L A T E
  Z   I   O   H   K
H O A X E D   I B I S
S   O   T   E V E   W   A
T A L C U M   O F F I N G
A   O   R   W   U   E
R   G R E E T   U N D I D
F E Y   A   N   U
I   D E S P I C A B L Y
S   F   P   E   A   S   E
H E L I O T R O P E
  E   C   E   A I L
S I X T H   D O S E S   O
U   I   G   Q   K   W
M O L T E N   C U R A T E
P   O   B U S   A   N   D
  J U D O   T H W A C K
  T   N   U K E
    G Y M N A S T
```

180

```
P L A S T E R E R   B Y E
I   F   R   E   A   L   T
Q U O T A   A Z I M U T H
U   O   N   P   L   S   E
A N T I Q U E S   C H A R
N   U   D   G   E
T U R N I P   B O A R D S
  E   L   B   L   Y
J I L T   W O N D R O U S
E   A   W   W   F   V   T
A N X I E T Y   I M A G E
N   E   A   E   S   T   M
S A D   K E R C H I E F S
```

181
```
DYNAST JARGON
E I HAZEL O U
FACTOR TINPOT
E E W   G H M
CALMER THIEVE
TRY DEPOT RAG
 S   V Q    L
BOA NEXUS SUB
UNREAL EASIER
L B T   M G E
GNOMIC SPONGE
E U VOWEL E Z
DARKEN GENTLY
```

182
```
HAGGIS FILLIP
A U A U  U O
Z S S N N G
ATTACH NAGGER
R I APE I O
DISMAY LOGJAM
 N D  W  D
 T HOLDALL J
FREE A R IBEX
 I DARKEST C
AGOG V N ROTE
 U EMANATE I
 E A  E  V
ADVERT LAWYER
C B HOE E U
ROBBER GABLED
O E I A O D
S A F C C E
SQUIRT YORKER
```

183
```
GAZED RECIPE
Y O E A U A O
MOO COMPRISED
S M R S I T E
LASTED JOYOUS
I P I P I
PASTIES BASIL
 Y T O A  A
WALL IMPROVES
I P Q E K A S
EXHAUSTS ALTO
L A R E E
DARED IGNITED
E C T  E
FIFTHS RHYTHM
O U Y U U H A
REGRESSES URN
K E N E E M D
ESSAYS DEBTS
```

184
```
SOLIDIFY ACHE
E I I L O N
IMMORTAL AXED
Z P E N K E E
EWES UNDERSEA
SAT E S  V
 R W FLAT TOO
IMPALA R O U
M R URGE G R
MUTTON ALKALI
A A RAIL I N
C R C LINING
URN HISS K E
L A Q  JAY
AQUARIUM BORE
T L D I B V A
EACH CROUPIER
L E  E F A L
YARD USEFULLY
```

185
```
CADETS USURPS
R E H I H E H
OAF RUMBA PEA
F EGO P CAR B
TIC WHACK EBB
S T I  S Y
 INSCRIBES
S N N S O E G
MAGGOT PURSER
A R Q  A
STRIKE QUAFFS
H E E E A S
 SOLICITOR
J U H  E U
OAR SCOFF WIN
S GNU I RUE V
TOE PANTO LIE
L N E G Z L I
EXTORT WEASEL
```

186
```
SIEVE TRIUMPH
A X X E N O A
W PLATE FLUKE
D E L T A R M
UNLATCH NINJA
S M EAT E T
TOMATO RADIO
C Z PACY  I
ACCEPTS MIXED
U R I A J
BRAVO DENUDES
A GREW V C
RISER EQUATE
N T AWE L Y
ALARM GIRAFFE
C U M R A L B
LUNGE ELIDE A
E C R T N C L
SCHISMS YOKEL
```